中等职业教育汽车类专

汽车车身涂装工艺

QICHE CHESHEN TUZHUANG GONGYI

主　编／胡振川　汪家坪　王　阳　马海波

副主编／王　超　杨利彬　赵章英　陈　芬

参　编／朱　良　蔡运涛　王　涛　李　沛

　　　　何方舟　赵训菲

重庆大学出版社

图书在版编目（CIP）数据

汽车车身涂装工艺／胡振川，汪家坪，王阳，马海波主编.
--重庆：重庆大学出版社，2020.6
中等职业教育汽车类专业系列教材
ISBN 978-7-5689-1338-6

Ⅰ.①汽…　Ⅱ.①胡…②汪…③王…④马…　Ⅲ.①汽
车—车体—喷涂—中等专业学校—教材　Ⅳ.①U472.44

中国版本图书馆CIP数据核字（2018）第195536号

汽车车身涂装工艺

主　编　胡振川　汪家坪　王　阳　马海波
副主编　王　超　杨利彬　赵章英　陈　芬
策划编辑：章　可
责任编辑：李定群　　　版式设计：章　可
责任校对：关德强　　　责任印制：赵　晟
*
重庆大学出版社出版发行
出版人：饶帮华
社址：重庆市沙坪坝区大学城西路21号
邮编：401331
电话：（023）88617190　88617185（中小学）
传真：（023）88617186　88617166
网址：http：//www.cqup.com.cn
邮箱：fxk@cqup.com.cn（营销中心）
全国新华书店经销
POD：重庆新生代彩印技术有限公司
*
开本：787mm×1092mm　1/16　印张：7　字数：169千
2020年6月第1版　2020年6月第1次印刷
ISBN 978-7-5689-1338-6　定价：25.00元

前言

　　近年来，随着人们生活水平的不断提高，汽车的数量逐年增加。汽车涂装维修行业中的部分企业采用了不符合维修工艺标准的流程，从而对环境造成了较为严重的污染。为响应国家号召，树立和践行"绿水青山就是金山银山"的发展理念，坚持节约用水、保护环境的基本国策，参照重庆市第十届中等职业学校汽车维修技能大赛涂装工艺流程，编者特编写了本书。

　　本书共8个任务，内容包括防护用品的正确穿戴、底材处理、原子灰的刮涂与打磨、喷枪的结构与维护、中涂底漆的喷涂、中涂底漆的打磨、色漆的调配及面漆的喷涂。本书将汽车涂装工艺的理论知识与实训操作相结合，着重讲述了施工工艺中防护用品的规范穿戴、干磨的工艺流程以及水性漆的喷涂方法等。本书内容较为精简，以介绍基本技能为主，按照理论与实际相结合的原则，更加贴合生产实际，避免了单纯学习理论知识的枯燥，能够提高学生的学习兴趣，适合作为中等职业学校汽车专业涂装课程的教材。

本书由胡振川、汪家坪、王阳、马海波任主编，王超、杨利彬、赵章英、陈芬任副主编，参与编写的老师还有朱良、蔡运涛、王涛、李沛、何方舟、赵训菲。

由于编写水平有限，书中难免存在疏漏之处，敬请行业专家和教师给予批评指正，以便改版时完善。

编　者
2020年1月

目录

目录

任务一 防护用品的正确穿戴

任务描述

在实施涂装过程中，会产生大量的飞漆、粉尘以及有毒气体，对人体危害较大，同时易发生火灾等事故。为了减轻对人体的危害以及防止事故的发生，在施涂过程中必须正确穿戴安全防护用品。

任务目标

完成本任务的学习后，你应能：

● 认识在涂装过程中涂料对人体各部位的危害。
● 熟悉防护用品的结构及原理。
● 掌握防护用品在施涂过程中的正确穿戴。

相关知识

一、涂装过程中对人体的危害

在涂装作业过程中，对人体危害的具体部位如图1-1所示。

涂装作业的危害如下：

①打磨过程中产生的噪声及粉尘，对呼吸道、皮肤、眼睛、耳朵有严重的危害。

②颜料含有重金属。危害人体的神经系统、消化系统、呼吸系统及生殖系统等。

③除油剂、稀释剂等溶剂含有甲苯、二甲苯，会刺激人体神经系统，伤害皮肤。

④树脂合成物质使呼吸道、皮肤过敏。

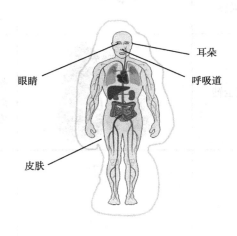

图1-1

二、防护用品

各种防护用品见表1-1。

表1-1

名　称	图　片	功　用
防尘口罩		主要防护粉尘。在修补工艺中，主要的工序有除旧漆、羽状边制作、原子灰打磨、中涂底漆及面漆打磨、抛光作业。防尘口罩可挡住5 μm以上颗粒物，但不能用于有溶剂挥发物的工序防护
活性炭防毒面罩		适合有少量溶剂挥发物的工序作业，可阻挡99%的溶剂挥发物。活性炭防毒面具分为3个部分：面罩、活性炭滤毒盒和过滤棉。当正确佩戴后仍能闻到刺激性味道时，必须更换滤毒盒；如感觉呼吸不畅时，必须更换过滤棉。面罩可用中性洗液清洗后放置在阴凉通风处晾干
供气式防护面罩		可分为全面罩和半面罩两种，二者都是由空气压缩机提供呼吸气源，故必须在气管终端安装三级过滤装置。适用于较长时间的喷涂作业
安全防护眼镜		主要防止溶剂、粉尘、旧涂膜碎片和其他异物飞溅到眼部，造成对眼部的伤害。因此，在涂装操作过程中，建议全程佩戴安全防护眼镜
安全鞋		在作业时，安全鞋可防止脚部因重物落下而砸伤或金属刺伤，并有止滑和导静电的作用。因此，要选择合格的（鞋尖有钢头、鞋底导静电）安全鞋。建议在涂装过程中全程穿戴
防静电工作服		主要防止喷涂作业中工作者皮肤与涂料、有机溶剂接触。防静电工作服应为长袖，袖口必须是弹性扎口，同时需具备导静电、抗溶剂、不掉纤维毛等特点

续表

耐有机溶剂手套		适合在与溶剂长时间接触的工序时佩戴，如洗枪、除油
乳胶手套		适合与溶剂没有长时间接触且需要手部灵活操作的工序，如调色、喷枪操作、抛光等
棉纱手套		在打磨作业及工件搬运作业中必须使用，主要防止手与板件接触时出现划伤，以及防止板件滑落
耳塞		在作业操作中，为防止噪声对人体听力造成损害，必须在使用干磨机进行打磨操作的过程中佩戴

三、防护用品的选用

各种作业项目所需的防护用品见表1-2。

表1-2

作业项目	所需防护用品	图　片
喷涂、调漆作业	乳胶手套、活性炭防毒面罩、安全防护眼镜、工作帽、安全鞋、防静电工作服	
除油、刮灰、清洗喷枪作业	耐有机溶剂手套、活性炭防毒面罩、安全防护眼镜、工作帽、安全鞋、防静电工作服	
遮蔽作业	工作帽、防静电工作服、安全鞋	

续表

作业项目	所需防护用品	图　片
打磨作业	防尘口罩、安全防护眼镜、工作帽、安全鞋、棉纱手套、防静电工作服、耳塞	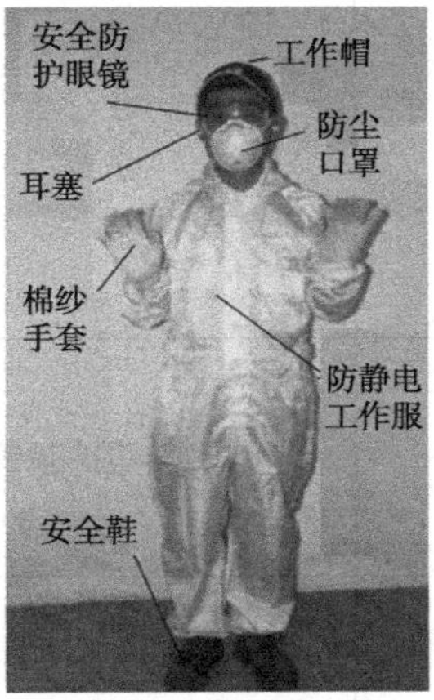

任务实施

一、操作前的准备

工具的准备见表1-3。

表1-3

序号	工具和设备名称	图　片	数量
1	棉纱手套	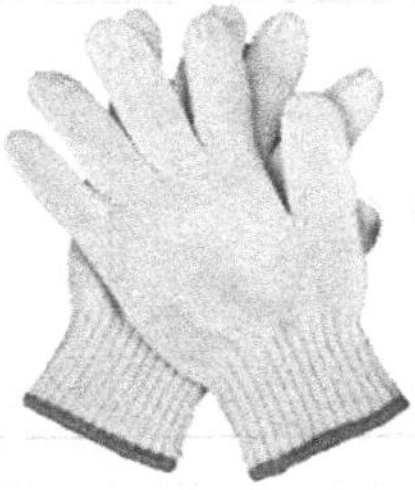	若干
2	乳胶手套	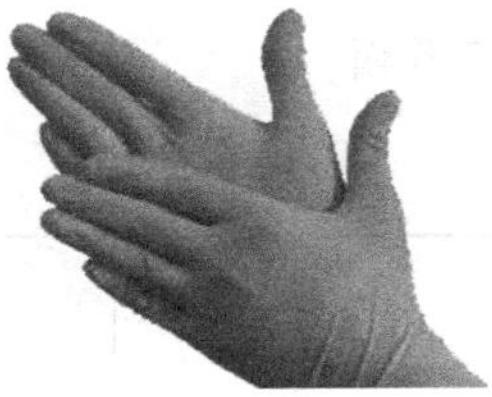	若干
3	耐有机溶剂手套	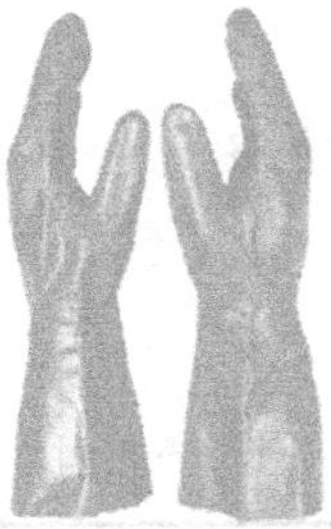	若干

续表

序号	工具和设备名称	图　片	数量
4	耳塞		若干
5	安全防护眼镜	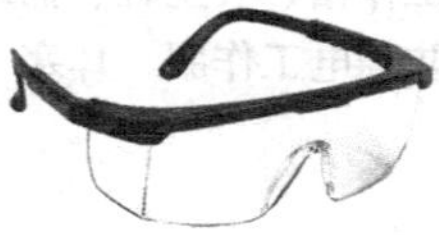	若干
6	防尘口罩	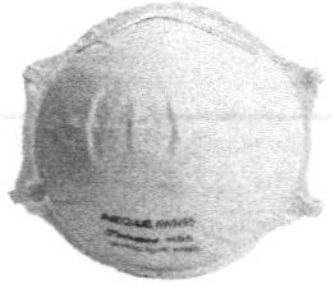	若干
7	活性炭防毒面罩		1个
8	工作台		1个
9	工作帽		1顶
10	防静电工作服		1套

工具的摆放如图1-2所示。

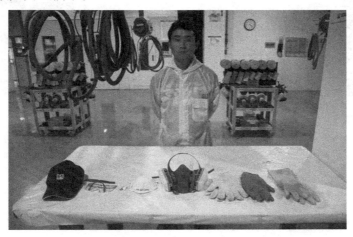

图1-2

二、操作过程

1.防尘口罩的正确穿戴

①左手将防尘口罩抵住下巴，右手将下方头带拉过头顶，置于颈后耳朵下方；左手将防尘口罩盖住口、鼻，右手将上方头带置于颈后耳朵上方，如图1-3所示。

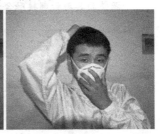

图1-3

②将左手手指置于金属鼻夹中部，从中向两侧按照鼻梁形状向内按压，直至将其完全按压成鼻梁形状为止，如图1-4所示。

注意事项：

需将防尘口罩调整到合适位置，避免打磨过程中粉尘进入呼吸道。

2.活性炭防毒面罩的正确穿戴

①将滤棉放入滤棉盖中，使印有字体的一面朝向滤盒，并且将滤棉盖扣向滤盒并卡定，如图1-5所示。

注意事项：

如装配正确，滤棉应完全盖住滤盒表面。

图1-4

②将滤盒标记部分对准面具本体的标记部分，然后扣上；按顺时针方向扭转滤盒，至卡定位，如图1-6所示。

图1-5

图1-6

③将防毒口罩在胸前展开，双手将两根头带向颈后拉伸扣住，在左手将面具扣住鼻子的同时，右手将头带框套拉至头顶，并调整到合适位置，如图1-7所示。

注意事项：

调整面具与脸部接触合适位置时，不得过紧或过松。

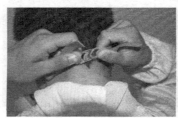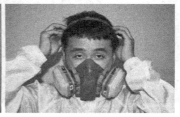

图1-7

④穿戴好防护用品后，要做气压测试。若未达到密封效果，严禁进入污染区域，如图1-8所示。

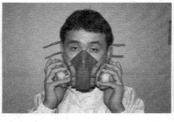

图1-8

3.打磨作业时防护用品的正确穿戴

①穿戴好防尘口罩和安全防护眼镜，并将眼镜框架放在防尘口罩鼻夹外，以防止眼镜内出现雾气而影响视线，如图1-9所示。

②戴上工作帽、耳塞、棉纱手套，并调整到合适位置，如图1-10所示。

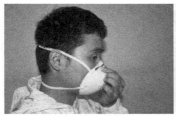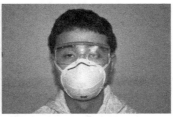

图1-9

图1-10

4.喷涂、调漆作业时防护用品的正确穿戴

①戴上活性炭防毒面罩、安全防护眼镜、工作帽，并将其调整到合适位置，如图1-11所示。

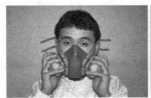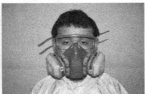

图1-11

②穿戴好乳胶手套，并将其调整到最佳位置，如图1-12所示。

图1-12

5.除油、刮灰、清洗喷枪作业时防护用品的正确穿戴

①戴上活性炭防毒面罩、安全防护眼镜、工作帽，并将其调整到合适位置，如图1-13所示。

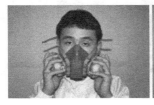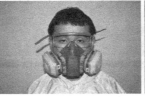

图1-13

②戴上防溶剂手套，并将其调整到最佳位置，如图1-14所示。

图1-14

6.清洁与整理

操作完毕后，及时清洁与整理工位，如图1-15所示。

图1-15

任务拓展

在生产过程中，即使穿戴好相关的防护用品，在没有新鲜的外来空气源或长时间、大面积喷涂时，难免会呼吸到涂装施工过程中的一些污染物。因此，现在大多数企业和学校都采用了全面式供气面罩作为主要防毒用具。SATA全面式供气面罩采用获得专利的空气供应系统，完全与周边环境隔离，不论身处何种恶劣的环境，始终能为施工者提供纯净的空气。

SATA全面式供气面罩如图1-16所示。

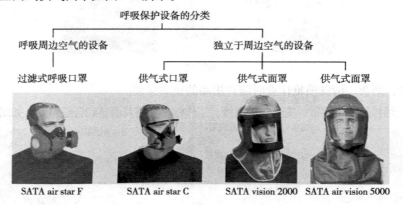

SATA air star F　　SATA air star C　　SATA vision 2000　SATA air vision 5000

图1-16

SATA air vision 5000可选配置方式如图1-17所示。

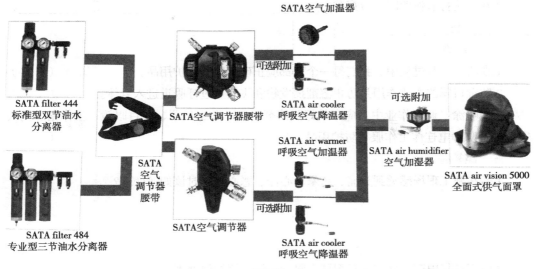

图1-17

SATA AB1中央呼吸空气增湿升温器配置如图1-18所示。

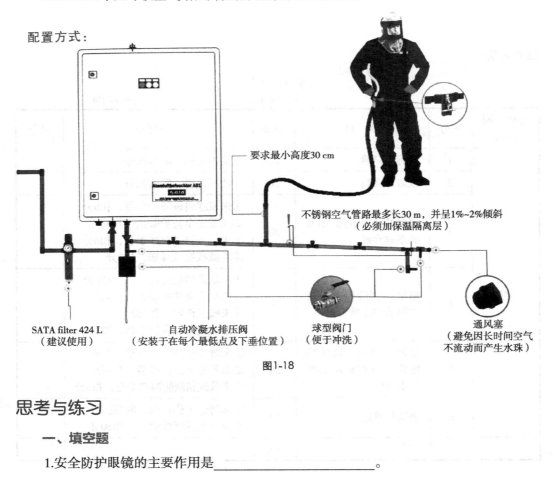

图1-18

思考与练习

一、填空题

1.安全防护眼镜的主要作用是＿＿＿＿＿＿＿＿＿＿＿＿＿＿＿＿。

2.活性炭防毒面罩适合＿＿＿＿＿＿＿或＿＿＿＿＿＿＿的场所短时间喷漆作业。

3.在实施打磨作业时，应穿戴＿＿＿＿＿＿＿、＿＿＿＿＿＿＿、＿＿＿＿＿＿＿、＿＿＿＿＿＿＿、

＿＿＿＿＿＿＿及＿＿＿＿＿＿＿。

二、判断题

1.在所有涂装过程中，我们每一个人都应正确穿戴好防护用品。 （   ）

2.防毒口罩的主要作用是防止溶剂挥发物和飞漆通过呼吸道进入身体。 （   ）

3.在喷涂、调漆作业中，应穿戴好防溶剂手套、防毒口罩、护目眼镜、工作帽、钢头安全鞋、防静电连体工作服等防护用品。 （   ）

三、简答题

1.若在施工现场感觉到头痛、眩晕、心悸、恶心，这时该如何处理？

2.施工过程中有少量的稀释剂溅入眼睛，请问该如何处理？

任务评价

考核评分表
（满分100分）   完成时间：

考核时间/min	序号	项　　目	配分	评分标准	得分
20	1	戴防尘口罩	10	方法不正确，酌情扣分	
	2	戴防毒面具	10	方法不正确，酌情扣分	
	3	打磨作业时防护用品的正确穿戴	20	①未戴或错戴防尘口罩，扣6分 ②未戴安全防护眼镜，扣6分 ③未戴或错戴棉纱手套，扣6分 ④未戴或错戴耳塞，扣2分	
	4	喷涂、调漆作业时防护用品的正确穿戴	20	①未戴或错戴防毒口罩，扣8分 ②未戴安全防护眼镜，扣4分 ③未戴工作帽，扣4分 ④未戴或错戴乳胶手套，扣4分	
	5	除油、刮灰、清洗喷枪作业时防护用品的正确穿戴	20	①未戴或错戴防毒口罩，扣8分 ②未戴安全防护眼镜，扣6分 ③未戴或错戴防溶剂手套，扣6分	
	6	清洁与整理	20	①未清洁工作台面，酌情扣分 ②未将工具摆放整齐，扣10分	
合　　计			100		

任务二　底材处理

任务描述

底材处理主要包括漆膜类型的评估、损伤区域的评估和羽状边打磨。漆膜类型的评估是在打磨之前对车身油漆类型和老化程度的评估；损伤区域的评估是对其损伤部位及所影响的范围估计；羽状边打磨尤为重要，是在去除旧漆膜后和刮原子灰前，对所需修复区域与原来旧漆膜之间所需要的过渡斜坡（即羽状边）进行打磨。羽状边的好坏直接影响原子灰打磨的平整度。因此，底材处理是非常重要的过程之一。

任务目标

完成本任务的学习后，你应能：

● 熟悉漆膜的类型，以及车身底材表面预处理的工具和材料的使用方法。
● 掌握不同车身底材处理方法以及损伤区域的评估方法。
● 掌握羽状边的正确打磨方法。

相关知识

一、底材处理前损伤区域的鉴别

1.漆膜类型的鉴别

用沾有稀释剂的除油布擦拭油漆表面。若掉色，则是热塑性漆膜，容易咬底，故在施工过程中需要格外小心，如图2-1（a）所示；反之，则是热固型漆膜，如图2-1（b）所示。

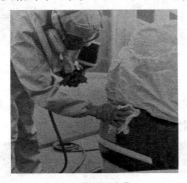
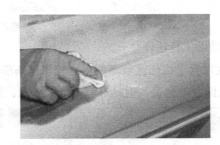

（a）热塑型漆膜　　　　　　　　　（b）热固型漆膜
图2-1

1）热塑型漆膜

可被溶剂重新溶解，加热会重新流动，属于成膜溶剂挥发型。固化过程中不发生任何化学反应；破坏环境，容易开裂、龟裂、收缩。

2）热固型漆膜

不能被溶剂重新溶解，加热时不会重新流动；通过催干剂（氧气、异氰酸酯等）固化。固化过程中产生化学反应。

2.损伤区域的评估

损伤区域的评估方法主要有：观察法评估（一看）、触摸法评估（二摸）和辅助工具法评估（三靠）。

1）观察法评估

在光源下，用眼睛从侧面观察漆膜，利用漆膜上的反光即可发现很细小的变形。但当旧漆膜去除后，或在光源不足的地方，就不能采取这种评估方法，如图2-2所示。

图2-2

2）触摸法评估

戴上棉纱手套，从各个方向用手触摸损伤区域，将注意力集中在手上，感觉损伤区域的大小。大范围触摸未损伤区域和损伤区域，更容易发现不平的表面，如图2-3所示。

图2-3

3）辅助工具法评估

将直尺置于损伤区域表面，比较未损伤部分和损伤部分与直尺之间的间隙。虽然大多数车身表面并非笔直，但是都有光滑的平面，如图2-4所示。

图2-4

二、底材处理目的

汽车涂装前的表面预处理是涂装施涂前必要的工作，因为它涉及膜的附着力和使用寿命，直接影响涂装质量。涂装前，对被涂物表面进行预处理，清除物面上存在的尘土、油污、鳞片状氧化层等影响漆膜与被涂表面之间附着力的杂质，从而显露出被涂物面的本色，使漆膜与基体金属表面很好地结合在一起。同时，还可使被涂物面平整，并有一定的表面粗糙度，以增大漆膜与被涂物表面的附着面积来进一步增大附着力，从而使整个漆膜有平整光滑、附着力大的不脱层，达到隔离保护基材、装饰性强、美观大方的效果，如图2-5所示。

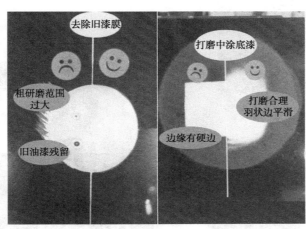

图2-5

三、底材处理的相关工具及耗材

1.检查工具

1）直尺

直尺主要用于测量损伤区域的面积，能直观明了地查看损伤区域，如图2-6（a）所示。

2）画线笔

画线笔主要配合直尺画出损伤区域及打磨的范围，能有效提高工作效率，如图2-6（b）所示。

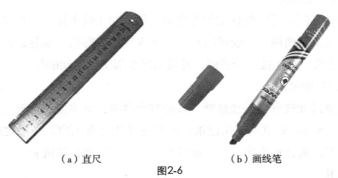

（a）直尺　　　　　　　　（b）画线笔

图2-6

2.干磨设备及工具

1）干磨系统

根据吸尘系统、打磨机、手刨连接方式的不同，常见的干磨系统有移动式打磨系统（见图2-7）、悬臂式打磨系统（见图2-8）和中央集尘打磨系统（见图2-9）3种类型。

图2-7　　　　　　　　　　　　　　　　　图2-8

图2-9

（1）移动式打磨系统

其优点是移动方便，可方便移动到有电源、气源的工位上使用；缺点是连接的电源和气源容易影响作业工序现场。一般可同时接电动或气动打磨机，或分别连接一个电动打磨机和一个气动打磨机，再连接一个手刨，并可满足相邻工位之间的使用。

（2）悬臂式打磨系统

其优点是电源线和气管都是经悬臂下垂到打磨终端，可方便移动至工位的不同位置，延伸距离一般可达6 m；缺点是使用范围只能在延伸所及范围内。一般也能同时连接两把电动或气动打磨机，或分别连接一个电动打磨机、一个气动打磨机和一个手刨，可满足相邻工位之间的使用。

（3）中央集尘打磨系统

其优点是配有大功率的吸力泵，另配置有先进的微处理控制系统，采用多层重叠导流方式吸风，体积小，吸力效果更好；缺点是成本费用较高，不适合小型维修站使用。一般可连接4～6个打磨终端，每个打磨终端可同时连接两把电动或气动打磨机，或分别连接一个电动打磨机、一个气动打磨机和一个手刨。

2）打磨机

打磨机根据动力，可分为电动和气动；根据形状，可分为圆形和方形；根据运动模式，可分为单动作和双动作。在汽车涂装维修行业中，常用的是圆形单动作打磨机和圆形双动作打磨机，如图2-10所示。

（a）圆形单动作打磨机　　　　　　（b）圆形双动作打磨机

图2-10

（1）圆形单动作打磨机

打磨盘作单向圆周运动，特点是切削力强，非常适合于除锈、除漆，可用于车身钣金修复及涂装做底工位使用。打磨盘的中心和边缘存在转速差，使用该打磨机时不能把它平放在打磨面上，而要轻微倾斜才行。

（2）圆形双动作打磨机

旋转轴为偏心轴，打磨盘借偏心轴旋转时打磨盘会同时有双重运动。研磨效果较均匀。双动作打磨机偏心距的大小有多种，偏心距越大，就越适合于粗磨。常见的偏心距有1.5，2，2.5，3，4，5，6，7，9，11，12 mm等。不同偏心距的打磨机所适合的打磨操作不同，见表2-1。

表2-1

偏心距/mm	适用范围
9~12	除锈、除旧漆层
7~9	除旧漆层、打磨羽状边、粗磨原子灰
4~6	细磨原子灰、原子灰周围区域打磨、喷涂中涂底漆前打磨电泳底漆、打磨旧漆层
3~4	喷涂面漆前打磨中涂底漆、旧漆层
1.5~3	抛光前打磨

3）打磨机托盘

安装在圆形打磨机上粘连砂纸的打磨垫，称为托盘，如图2-11所示。它通常为尼龙搭扣式，能方便、快速、牢固地粘贴干磨砂纸，装卸快速、方便。打磨机托盘有硬托盘、半硬托盘和软托盘3种。

（1）硬托盘

配合偏心距5 mm及以上的双动作打磨机使用，用于相对较粗的打磨，如除漆、原子灰粗磨。

（2）半硬托盘

配合偏心距5 mm及以上的双动作打磨机使用，用于相对较细的打磨，如原子灰细磨、中涂底漆前打磨、中涂底漆后粗磨等。

（3）软托盘

配合偏心距3 mm的双动作打磨机使用，用于相对较细的打磨，如中涂底漆后、面漆前细磨。此外，还有一种是在托盘上粘贴有中间软垫和保护垫。中间软垫比软托盘更软一些，可用于面漆前打磨弧度、线条等，避免对工件表面造成不必要的过度打磨；保护垫可保护打磨机托盘，延长其使用寿命，如图2-12所示。

图2-11

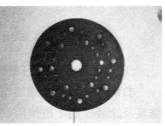

图2-12

图2-13

4）手刨

手刨有多种。常见的尺寸是：宽度为70 mm，长度有125，198，420 mm；也有 115 mm × 230 mm的规格，如图2-13所示。

手刨往往用于原子灰、中涂底漆的粗打磨。由于车身很多部位有一定的弧度及线条，一些还有边角部位。因此，为了打磨出与原车身部位完全相同的形状，采用手刨打磨更容易打磨出平整度高和需要的形状。因此，干磨实际上包括机器打磨和手工打磨两种形式。根据打磨工件的不同和技师熟练度的不同，可选择不同的打磨形式。

3.打磨耗材

1）干磨砂纸的种类

干磨砂纸一般分为圆磨头砂纸和手刨砂纸。砂纸的大小是以目为单位。目是指磨料的粗细及每平方英寸的磨料数量。目数越大，表示颗粒越细，磨料数量越多。常见的干磨砂纸有P80，P120，P180，P240，P320，P400，P500，如图2-14所示。

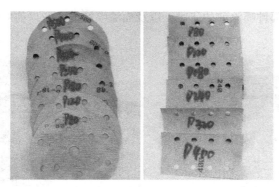

图2-14

2）干磨砂纸的使用

在选用砂纸打磨羽状边时，选择顺序应是先选目数小的砂纸、后选目数大的砂纸，注意两个砂纸之间跳号不超过100号。如果第一道选用P80，则第二道不可选用P180以上的砂纸。跳号超过100号，则去除不了前一道打磨的痕迹。

4.其他耗材

1）除油布

喷漆车间应使用不会掉落纤维也不会产生静电、抗拉强度高而不易碎的无纺布或聚酯纤维除油布。使用前，应注意产品说明。有些除油布只能用于溶剂型除油剂，不能用于水性清洁剂，防止用错。除油布如图2-15所示。

2）粘尘布

因静电的原因，喷涂车辆前，工件表面会落有一些细微灰尘、纤维。若使用除油布除油、清洁，无法除去，吹尘枪也无法吹除干净。因此，使用粘尘布，利用其黏性可粘去工件表面的细微灰尘、纤维，如图2-16所示。

图2-15

图2-16

3）除油剂

除油剂主要由多种活性剂及助洗剂配置而成。主要特点是强力渗透，去污速度快。因此，能强有力地清除漆面上的污垢和杂质，为实施涂装作业中清除杂质起到重要作用，如图2-17所示。

4）菜瓜布

菜瓜布也是一种在汽车修补企业得到较广泛应用的打磨耗材。菜瓜布是将研磨颗粒黏附在三维纤维上制成的。因此，菜瓜布有很好的柔韧性，适合打磨外形复杂或特殊材料的表面，可用于塑料部件喷涂前的研磨，以及面漆喷涂前、驳口前对漆面的研磨等，如图 2-18所示。

图2-17

图2-18

四、羽状边的认识与了解

在去除旧漆膜后、刮灰（刮涂泥子）之前，需要产生一个宽的平滑边缘。通过打磨涂膜边缘，形成一个缓和的斜坡，这个斜坡就是羽状边。羽状边在干磨工艺中是非常重要的，会直接影响原子灰打磨后的平整度。如果没有做好这道工序，施涂面漆后，就会出现明显的边界痕迹，如图2-19所示。

图2-19

任务实施

　一、操作前的准备

　工具的准备见表2-2。

表2-2

序号	工具和设备名称	图　片	型号或说明	数量
1	吹尘枪		—	两把

续表

序号	工具和设备名称	图　　片	型号或说明	数量
2	砂纸		圆磨头：P80，P120，P180，P240，P320，P400，P500 手刨：P80，P120，P180，P240，P320，P400	若干
3	除油布		—	若干
4	工件	—	—	10套
5	防尘口罩		—	若干
6	棉纱手套		—	若干
7	乳胶手套	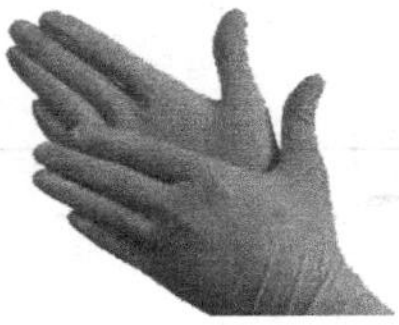	—	若干
8	活性炭防毒面罩		—	1个
9	安全防护眼镜		—	若干
10	耳塞		—	若干

续表

序号	工具和设备名称	图　片	型号或说明	数量
11	钢直尺		—	1把
12	油性除油剂		—	1桶
13	记号笔		—	1支
14	耐溶剂喷壶		—	1个
15	X喷涂架		—	若干
16	粘尘布		—	若干
17	抹布		—	两张

续表

序号	工具和设备名称	图 片	型号或说明	数量
18	海绵砂	—	—	—
19	中央集尘打磨系统		—	1套
20	防静电工作服		—	1套

工具的摆放如图2-20所示。

图2-20

二、操作过程

1.漆膜类型的评估

①按技术标准与要求，正确穿戴好耐有机溶剂手套、活性炭防毒面罩、安全防护眼镜、工作帽、安全鞋及防静电工作服等防护用品，如图2-21所示。

②将除油剂均匀地喷洒到作业工件上，进行除油，如图2-22所示。

注意事项：

一定要将打磨工件喷湿。
采用一湿一干的方法擦拭干净。

图2-21

图2-22

③取出除油布沾少许稀释剂对所需修复的区域进行擦拭，以区分漆膜的类型，如图2-23所示。

注意事项：

若发现能溶解，则需要去除能溶解的漆面，以防止修复后的漆面产生缺陷。

图2-23

2. 损伤区域的评估

①穿戴好棉纱手套，采用触摸评估方法，将注意力集中在手心，反复触摸需修复的范围，从而确定损伤区域，如图2-24所示。

图2-24

②用直尺配合记号笔，或将砂纸折叠后做好损伤区域与未损伤区域交界处的记号，并

用记号笔画出相应的损伤区域，以便去除旧漆膜，如图2-25所示。

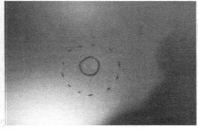

图2-25

3.去除旧漆膜

①按技术标准与要求，穿戴好防尘口罩、安全防护眼镜、工作帽、安全鞋、棉纱手套、防静电工作服及耳塞等防护用品，如图2-26所示。

②选用6号磨头，并将保护垫对准磨头孔贴紧，如图2-27所示。

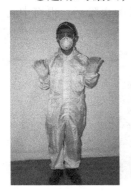

图2-26　　　　　　　　　　　　　图2-27

③采用P80号的砂纸贴紧磨头，并打开圆磨头开关及吸尘开关，调整好磨头转速，如图2-28所示。

图2-28

注意事项：

当底材是镀锌板时，采用不粗于P80的干磨砂纸。

当底材是铝材塑料件、玻璃钢时，采用不粗于P150的干磨砂纸。

④去除损伤区域的旧漆膜。若打磨过程不适应磨头转速，则可用调整按钮进行调整，如图2-29所示。

图2-29

注意事项：

打磨头接触板件后再启动。

打磨时，将打磨头与板件的角度控制在5°～10°。

打磨时，不要用大力压打磨头。

⑤将损伤区域临界点边缘的旧漆层去除。待其临界点边缘的旧漆膜去除后，再将中间的旧漆膜去除，如图2-30所示。

图2-30

4.打磨羽状边

①将P80号的砂纸更换为P120号的砂纸，采用从外向内的打磨方法，打磨旧漆层与裸金属接触面，如图2-31所示。

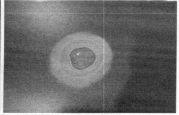

图2-31

注意事项：

打磨托盘接触工件后，再启动打磨机，并由慢到快。

尽量用打磨头面积的1/3去打磨。

打磨过程中，手往下压的力度要适当，以避免将损伤区域扩大，致使羽状边打磨后的形状不规则。

②更换P180号的砂纸，在羽状边的最外边缘上对外找3～5 cm处打磨出着毛区域，并继续碾磨羽状边，使其盖住P120号的砂纸所打磨的砂纸痕迹，如图2-32所示。

注意事项：

　　打磨过程中，时刻控制打磨头与工件的角度，用力要均匀，沿着边缘从一边打磨到另一边。
打磨的羽状边一定要平顺光滑。

图2-32

　　③打磨结束后，用砂纸折叠将未去除的旧漆膜去除干净，并用毛巾配合吹枪将工件上的粉尘吹干净，如图2-33所示。

注意事项：

　　羽状边形状要有规则，各个面过渡应平顺，羽状边的长度（根据漆膜的厚度）控制在1~3 cm，面漆上的磨毛区宽度控制在3~5 cm，以方便下一步刮涂原子灰。

图2-33

　　④按技术标准与要求，更换耐有机溶剂手套和活性炭防毒面罩等防护用品，并将除油剂均匀地喷洒在工件上，然后进行除油，如图2-34所示。

注意事项：

　　一定要将打磨工件喷湿。
　　采用一湿一干的方法擦拭干净。

图2-34

　　⑤待除油完毕后，向工件裸露金属区域均匀涂抹环氧底漆，如图2-35所示。

注意事项：

　　环氧底漆不宜涂抹过多或过少，均匀即可。

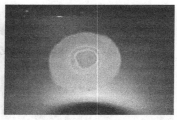

图2-35

5.清洁与整理

清洁并整理工具，将废弃物放入指定的垃圾桶内，并将工位恢复到原位，如图2-36所示。

注意事项：

对使用过的砂纸，确认是否可重复使用。若不能，则需将砂纸扔入垃圾桶内。

整理工具台面，将工具按操作前的位置摆放整齐。

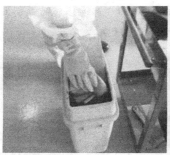

图2-36

注意事项：

打磨时，一定要添加保护垫，以免打磨过程中对磨头造成损伤。

在更换砂纸时，应注意对准吸尘孔。同时，每次更换砂纸跳号不超过100号。

使用过后的溶剂型材料应立即密封保存。

思考与练习

一、填空题

1.漆膜类型主要有_____和_____两种。

2.路贝斯KS260EP干磨机主要配备了_____、_____和_____。

二、简答题

1.简述板件损伤区域的评估方法。

2.简述各种型号干磨砂纸的作用。

任务评价

考核评分表
（满分100分）　　　　　　　完成时间：

考核时间/min	序号	项　目	配分	评分标准	得分
40	1	漆膜类型的评估	15	①未穿戴防护用品或穿戴不正确，扣1~3分，每件扣1分，扣完为止 ②未除油，扣3分；除油方法不正确，扣1分 ③漆膜类型评估的方法不正确，扣4分 ④使用过的除油布处理不正确，扣5分	
	2	损伤区域的评估	20	①未穿戴防护用品或穿戴不正确，扣1~3分，每件扣1分，扣完为止 ②损伤区域的评估方法不正确，扣10分 ③未用砂纸画出损伤区域，扣2分 ④损伤区域判断有错误，扣5分	
	3	去除旧漆膜	15	①未穿戴防护用品或穿戴不正确，扣1~3分，每件扣1分，扣完为止 ②打磨头选择错误，扣3分 ③砂纸型号选择错误，扣3分 ④去除旧漆膜方法不正确，扣3分 ⑤打磨后仍残留旧漆膜，扣1~3分，每处扣1分，扣完为止	
	4	打磨羽状边	40	①未穿戴防护用品或穿戴不正确，扣1~3分，每件扣1分，扣完为止 ②砂纸型号选择错误，扣8分 ③羽状边打磨方法错误，扣8分 ④羽状边长度小于1 cm或大于3 cm，扣3分 ⑤羽状边不平顺，扣1~5分，每处1分，扣完为止 ⑥羽状边形状不规则，扣3分 ⑦羽状边磨毛区宽度大于5 cm或小于3 cm，扣5分 ⑧未进行吹尘，扣2分 ⑨未进行除油，扣3分；方法不正确，扣1分	
	5	清洁与整理	10	①未清洁使用过的砂纸，扣1~8分，每一张扣1分，扣完为止 ②未整理工具，扣2分	
合　计			100		

任务三　原子灰的刮涂与打磨

任务描述

　　经过钣金修复的车身表面还需要用原子灰进行刮涂，为了达到预期的效果，每次车身修复都会对损伤区域进行刮灰与打磨。原子灰的刮涂与打磨是涂装作业中一个非常重要的环节。原子灰的施工好坏将直接影响涂装的最终质量。因此，掌握原子灰的刮涂与打磨技能是进行车身修复的基础。

任务目标

　　完成本任务的学习后，你应能：
- 熟悉车身常用原子灰的性能和用途。
- 熟悉原子灰的施工工艺。
- 掌握砂纸打磨原子灰的操作方法。

相关知识

一、原子灰认识与了解

1.原子灰的作用

　　原子灰是一种膏状或厚浆状的涂料。它容易干燥，干后坚硬，能耐砂磨，如图3-1所示。原子灰一般使用刮具刮涂于底材的表面，用来填平底材上的凹坑、缝隙、孔眼、焊疤、刮痕以及加工过程中所造成的物面缺陷等，使底材表面平整、均顺，使面漆的丰满度和光泽度等能充分显现。

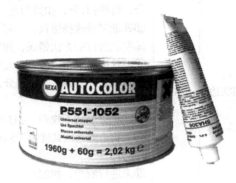

图3-1

2.原子灰的组成

原子灰的组成如图3-2所示。

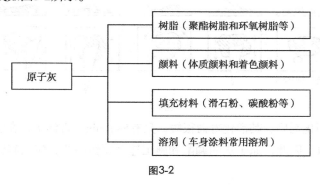

原子灰 —— 树脂（聚酯树脂和环氧树脂等）

颜料（体质颜料和着色颜料）

填充材料（滑石粉、碳酸粉等）

溶剂（车身涂料常用溶剂）

图3-2

注意事项：

车用原子灰多为双组分产品。聚酯树脂型原子灰多用过氧化物作为固化剂，环氧树脂型原子灰多用胺类作为固化剂。

3.原子灰的分类

根据车身修复的目标，常见的原子灰有硝基原子灰、纤维原子灰和万能原子灰等，如图3-3所示。

（a）硝基原子灰　　　　　（b）纤维原子灰　　　　　（c）万能原子灰

图3-3

1）硝基原子灰（填眼灰）

硝基原子灰（填眼灰）主要用于填补粗糙或不规则表面上的针孔或其他缺陷，无须混合能直接使用，尤其适合塑料件表面的修补。

2）纤维原子灰

纤维原子灰主要用于修补玻璃钢、钢板、铁板、旧漆层表面的凹坑及填充较深的孔洞等。其主要特点是具有较高的机械强度和较好的填充性。

3）万能原子灰

万能原子灰主要用于镀锌钢板、不锈钢和铝板表面的刮涂。其主要特点是干燥速度快，耐高温，不易龟裂，附着力强。

4.原子灰的使用方法

原子灰的调和方法是：将适量的原子灰基料放在混合板上；按规定的混合比添加一定量的固化剂。若固化剂过多，则干燥后会开裂；若固化剂过少，则难以固化和干燥。

原子灰主剂与固化剂拌和时，一般以100：（2~5）的比例拌和，如图3-4所示。

气温低于5 ℃时，应升高温度来固化，烘烤温度不可超过50 ℃。

图3-4

原子灰混合固化剂后，其活化寿命很短，只有5~7 min（常温），在温度较高的季节，时间会进一步缩短。因此，原子灰的调配和施工速度要快一些，应在其固化时间内尽快施工完毕。

原子灰的刮涂方法如下：

①对较厚填补的区域可分几次填补，第一道施涂的原子灰要薄，并用铲刀尽量压实、刮平，以防止有气孔或填充不实的情况产生。

②第一道干燥后，可直接刮涂第二道。

③如需要多次刮涂，方法同上，直到填平。

注意事项：

等干燥后稍稍打磨，并清洁后再继续刮涂。

用两把铲刀，一把用来放混合好的原子灰，另一把用来施涂。刮刀的握法如图3-5所示。

刮刀的直握法　　刮刀的横握法　　　刮刀的其他握法　　　右手握刀人常用的握法

图3-5

注意事项：

● 刮具的刮口要平直，不能有齿形、缺口、弧形及弓形等。

● 对易变形的橡胶刮板、塑料刮板，使用后要用专用夹具夹好。

● 刮具使用完毕后，要立即用溶剂清洗干净，以免原子灰聚于刮板上，固化后不易清洗，影响下次的使用效果。

● 目前，使用聚酯原子灰较为普遍。对平面缺陷或坑较大的部位，应使用硬刮板。

二、相关工具认识与使用

1.刮涂原子灰的工具

刮板是刮涂原子灰的主要手工工具。按其材料成分的不同，可分为钢片刮板、塑料刮板和橡胶刮板，如图3-6所示；按其软硬程度的不同，可分为硬刮板和软刮板。

（a）钢片刮板

（b）塑料刮板

（c）橡胶刮板

图3-6

1）钢片刮板

钢片刮板在企业中使用较广泛。但是，随着汽车材料的不断发展，许多高档轿车车身采用铝合金材料，铝和铁接触会发生化学反应，从而腐蚀车身。因此，不可用钢片刮板进行刮涂。

2）塑料刮板

塑料刮板主要适用于各种底材刮涂。

3）橡胶刮板

橡胶刮板简称万能原子灰刀，主要适用于刮涂红灰。

2.移动式短波红外线烤灯

移动式短波红外线烤灯是一种辐射式干燥设备，用于车身涂膜的局部干燥。它以其结构简单、布置方便、污染小以及移动性和可变性好在汽车修补中被广泛使用，如图3-7所示。

其主要性能与特点如下：

①独立开关控制。

②整个发射管可作180°旋转。

③发射管支架由气压撑杆支承，上下自如。

④电子计时器可分别控制预热、全热过程，自动转换；可烘烤汽车车身的任何部位，如车顶、前后盖。

⑤可设计成方阵加热装置，用于局部修补的加热。由灯射出的放射红外线能展开成扇形，离灯20~30 cm的距离内，中心与外部的温度分布基本均匀。用多个组合可互补热能，以获得均匀的温度。

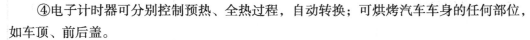
图3-7

3.碳粉指示剂

碳粉指示剂用于在打磨过程中检查平整度、表面针孔，以及砂纸痕迹的去除状况。在每次打磨原子灰以及更换砂纸和打磨工具前，都可适当地涂抹碳粉指示剂，如图3-8所示。

图3-8

图3-9

其施涂方法是：将涂布置于待研磨的原子灰或中涂底漆表面，然后按照标准工艺打磨，将表面的黑色指示层打磨去除。若打磨后的表面出现黑点、黑线，或者局部一块黑色，则此部分为缺陷部分。

4.原子灰搅拌板

原子灰搅拌板用于原子灰与固化剂的调和。其最大的优点是利于原子灰的均匀搅拌。一般一叠原子灰搅拌板由50张纸组成，如图3-9所示。

任务实施

一、操作前的准备

工具的准备见表3-1。

表3-1

序号	工具和设备名称	图　片	型号或说明	数量
1	吹枪		—	两把
2	耐有机溶剂手套		—	若干
3	除油布		—	若干
4	耐溶剂喷壶		油、水	两个
5	防尘口罩		—	若干

序号	工具和设备名称	图　片	型号或说明	数量
6	灰刀		—	1把
7	活性炭防毒面罩		—	1个
8	棉纱手套		—	若干
9	超快干无铬环氧底漆		P56–895	1桶
10	干磨砂纸	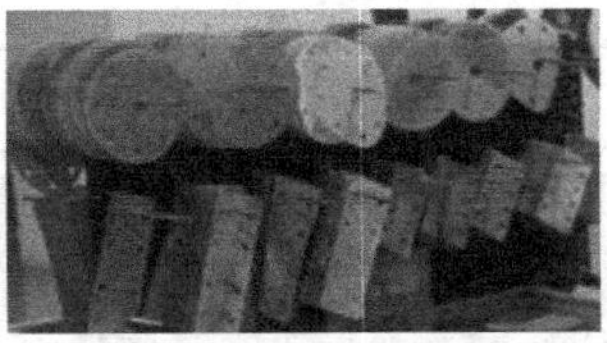	P80，P120，P180，P240，P320，P400，P500	若干
11	菜瓜布		—	若干
12	防静电工作服		—	1套

续表

序号	工具和设备名称	图　片	型号或说明	数量
13	万能原子灰		—	1盒
14	原子灰搅拌板		—	1叠
15	填眼灰		—	1盒
16	移动式红外线烤灯		—	1部
17	工件	—	—	若干
18	干磨系统		—	1套
19	耳塞		—	10套
20	安全防护眼镜		—	10个

续表

序号	工具和设备名称	图　片	型号或说明	数量
21	安全鞋		—	10双
22	安全帽		—	10个

工具的摆放如图3-10所示。

图3-10

二、操作过程

1.原子灰的施涂

①按技术标准与要求，正确穿戴好耐有机溶剂手套、活性炭防毒面罩、安全防护眼镜、工作帽、安全鞋及防静电工作服等防护用品，如图3-11所示。

②取出适当比例的原子灰与固化剂在原子灰搅拌板上进行搅拌与调配，如图3-12所示。

注意事项：

> 原子灰的成分若已分解，则需要用调漆尺在桶中由外向内先行搅拌均匀，方可取出。
> 每次原子灰使用后，应及时封存，以免加速原子灰的固化。
> 在添加固化剂时，需揉捏固化剂，使其均匀。

③用灰刀取出适量的原子灰对凹陷区域进行刮涂，填充凹陷区域，然后对整个损伤区域进行薄刮，如图3-13所示。

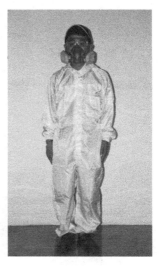

图3-11

注意事项：

刮涂时，一定要压实刮灰层。

不能超出着毛区，并且刮涂的边缘原子灰层不宜过厚。

每次刮涂后，要及时清理灰刀，便于下次刮涂原子灰时更加平顺。

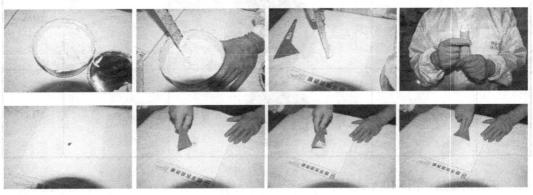

图3-12

图3-13

图3-14

④刮涂后，要及时清理灰刀，将用过的原子灰搅拌板纸撕掉，折叠后扔入指定的垃圾桶内，方便下一道工序的正常实施，如图3-14所示。

⑤当看到第一道施涂的原子灰有明显的固化反应时，便可进行第二次原子灰的搅拌与调和，然后实施第二次涂刮，如图3-15所示。

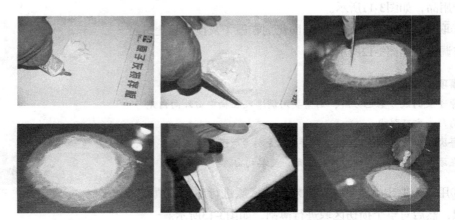

图3-15

注意事项：

> 第二次涂刮时，应用原子灰填充，并略高于凹陷区域，以便于打磨。
> 边缘不宜过厚，对边缘多余的原子灰层要及时用除油布清理干净。

⑥原子灰刮涂完毕后，要及时清洗和整洁灰刀等工具，为了减短固化时间，在清理工具的同时需用红外线烤灯对填充区域进行烘烤，如图3-16所示。

注意事项：

> 在烘烤时，应注意距离，并观察烤灯是否正常工作。

2.原子灰的打磨

①按技术标准与要求，穿戴好防尘口罩、安全防护眼镜、工作帽、安全鞋、棉纱手套、防静电工作服及耳塞等防护用品，如图3-17所示。

图3-16

图3-17

②对施涂干燥的原子灰层均匀涂抹碳粉指示剂，如图3-18所示。

注意事项：

> 在涂抹碳粉指示剂前，必须测试原子灰区域是否干燥。
> 涂抹的碳粉指示剂要遮盖住待打磨的原子灰区域。

③选用P80号的砂纸对准手刨吸尘孔并贴紧，将干磨系统旋转至打磨模式，如图3-19所示。

图3-18

图3-19

④手刨尽量放平，并与原子灰充分接触，采用"米"字形或"井"字形打磨方法，根据幅度或曲线表面进行打磨，如图3-20所示。

注意事项：

> 初磨是将原子灰高出部分磨平；在不要求光滑时，可将碳粉指示剂打磨消失。
> 在碾磨时，用力要均匀，速度要慢，防止过度打磨而出现凹坑。
> 在打磨时，可用手触摸原子灰与板件的平整度，并随时调整打磨的方向。

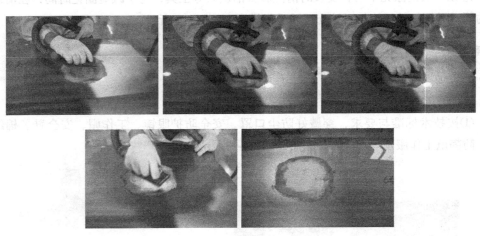

图3-20

⑤初磨后，再次向板件损伤区域涂抹碳粉指示剂，并将P80号的砂纸更换成P120号的砂纸再次碾磨，如图3-21所示。

注意事项：

> 这一道打磨与第一道打磨方法相同，主要是使原子灰达到基本平整，其弧形面与原来板件的弧形大致相同。注意原子灰边缘不宜过多打磨，以防止工件被磨穿。

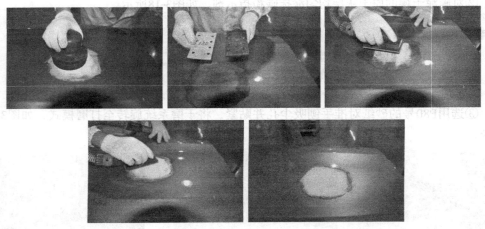

图3-21

⑥向板件损伤区域涂抹碳粉指示剂，并将P120号的砂纸换成P180号的砂纸对刮涂区域进行打磨，如图3-22所示。

注意事项：

> 打磨时，沿工件的轮廓作往复运动，其幅度要较之前打磨两道的距离更长一些。
> 这一道打磨将使原子灰与工件表面接触更平整光滑，边缘无接口，过渡更平滑。

⑦将手刨换成6号磨头，并选用保护垫和P240号的砂纸对准吸尘孔并贴紧，如图3-23所示。

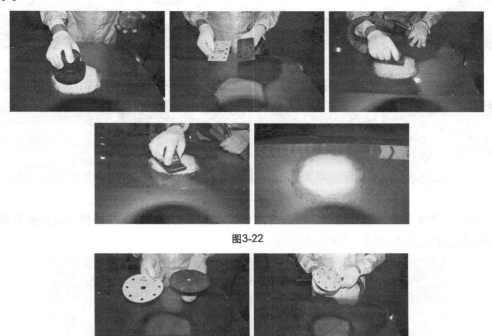

图3-22

图3-23

⑧向板件损伤区域涂抹碳粉指示剂，并用6号磨头配合P240号的砂纸对工件进行精磨，如图3-24所示。

注意事项：

> 这道打磨后，原子灰无砂纸痕迹和沙眼，并且过渡光滑，可达到喷涂中涂底漆的施工基本要求。

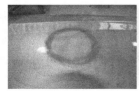

图3-24

⑨为了能整面喷涂中涂底漆，选用6号磨头配合软垫和P320号的砂纸对整个工件进行整面打磨，然后用吹枪配合抹布对整个板件进行除尘，如图3-25所示。

注意事项：

> 先对工件均匀涂抹碳粉指示剂，并先用红色菜瓜布对整个板件边缘或折边进行清理。
> 磨头尽量放平，打磨后，面漆表面应呈亚光状态。

图3-25

⑩正确更换防护用品后,将除油布折叠并盖住刮原子灰区域后进行除油,如图3-26所示。

图3-26

⑪观察修复区域,若有沙眼,应及时用填眼灰进行填补;若工件损伤区域未能恢复,应重新刮涂直至恢复原状,如图3-27所示。

图3-27

3.清洁与整理

清洁并整理工具,将废弃物放入指定的垃圾桶内,并将工位恢复到原位,如图3-28所示。

注意事项:

> 使用过的砂纸,确认砂纸是否可重复使用。若不能,则需将砂纸扔入垃圾桶内。
>
> 整理工具台面,将工具按操作前的位置摆放整齐。

图3-28

注意事项：

● 在实施过程中，要注意物品的摆放与清洁，特别是要远离火源，如除油剂等都是易燃易爆物品。

● 要正确穿戴好防护用品，并合理清理打磨时出现的灰尘。若有腐蚀性化学品进入眼部，应立即清洗干净。

● 在接通电源时，不要用手触碰电源插座，以防止触电；在接通烤灯时，应注意烘烤的距离不宜过近，防止因烘烤出现火灾。

思考与练习

一、填空题

1.根据车身修复的目标，常见的原子灰可分为_____、_____和_____。

2.万能原子灰的主要特点是_____，_____，_____，_____。

3.原子灰主剂和固化剂的拌和比例一般为_____。

4.在实施刮涂作业时，原子灰应在第一道实施刮涂时_____。

二、判断题

1.在实施刮涂原子灰时，不用压实原子灰就可刮第二道。　　　　　　（　　）

2.在施涂碳粉指示剂时，不用涂抹均匀盖住原子灰，就可实施打磨工艺。（　　）

3.除油剂的主要作用是除去旧漆的杂质。　　　　　　　　　　　　　（　　）

4.在刮涂原子灰后使用短波红外线烤灯时，要注意烤灯与板件之间的距离。（　　）

5.在实施作业的过程中，可不将用过的物品归还到原位。　　　　　　（　　）

三、简答题

1.简述P80，P120，P180，P240型干磨砂纸在打磨过程中的作用。

2.简述原子灰的刮涂方法。

任务评价

考核评分表

（满分100分）　　　　　　　　完成时间：

考核时间/min	序号	项　目	配分	评分标准	得分
40	1	除油	10	①未穿戴防护用品或穿戴不正确，扣1~3分，每件扣1分，扣完为止 ②未除油或除油方法不正确，扣5分 ③使用过的除油布处理不正确，扣2分	
	2	调配原子灰	20	①未穿戴防护用品或穿戴不正确，扣1~3分，每件扣1分，扣完为止 ②未用手触摸损伤区域，扣2分 ③原子灰使用前未搅拌，扣2分；固化剂使用前未搅拌，扣2分 ④原子灰与固化剂比例不正确，扣3分 ⑤取原子灰后未及时将盖盖上，扣1分 ⑥原子灰搅拌方法不正确，扣5分 ⑦原子灰搅拌不均匀，扣2分	
	3	刮涂原子灰	30	①未穿戴防护用品或穿戴不正确，扣1~3分，每件扣1分，扣完为止 ②第一道未刮薄，扣3分 ③刮涂方法不正确，扣1~4分 ④刮涂范围超出上一步打磨范围，扣2~8分，扣2分/处，扣完为止 ⑤剩余原子灰大于使用量的1/2，扣3分 ⑥未将凹坑填满，扣7分；刮涂不平整，扣1~7分 ⑦未清洁刮刀，扣1分；未清洁刮板，扣1分	
	4	打磨原子灰	32	①未穿戴防护用品或穿戴不正确，扣1~3分，每件扣1分，扣完为止 ②更换砂纸打磨前未施涂碳粉指示剂，扣2~6分，扣2分/次 ③打磨砂纸选择不合理，扣1~5分 ④P80，P120号的砂纸打磨范围超出原子灰范围，扣2~6分，扣2分/处，扣完为止 ⑤打磨后不平整，扣6分；有接口，扣2分/处，扣完为止 ⑥打磨后有沙眼，扣2~6分，扣2分/个，扣完为止	
	5	清洁与整理	8	①未清洁打磨头，扣2分 ②未清洁打磨机，扣2分 ③未清洁工具车，扣2分 ④未清洁地面，扣2分	
合　计			100		

任务四　喷枪的结构与维护

任务描述

　　喷枪是喷涂过程中最重要的工具。喷枪的类型较多，根据不同用途选择不同类型的喷枪，才能达到理想的喷涂效果。喷枪是结构较精密的设备。在每次使用后，要及时采取正确的方法清洗，提高喷枪的使用效率，延长喷枪的使用寿命。

任务目标

　　完成本任务的学习后，你应能：

- 了解喷枪的基本结构及工作原理。
- 了解喷枪的类型及用途。
- 正确拆解、清洗、维护、组装喷枪。

相关知识

一、喷枪的结构及工作原理

1.喷枪的结构

　　常用喷枪的结构如图4-1所示。

　　喷枪的关键部件有风帽、喷嘴和枪针。

　　喷枪可调节的部件如下：

①涂料流量调节旋钮。

②喷幅调节旋钮。

③喷涂气压调节旋钮。

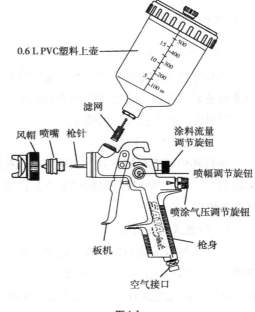

图4-1

2.喷枪的工作原理

　　空气喷枪的原理与雾化器的原理一样，从风帽气孔中排出的压缩空气在枪嘴形成一个负压，将涂料吸出并以雾化形式喷出，如图4-2所示。

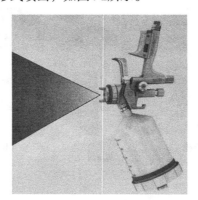

图4-2

二、喷枪的分类

1.根据涂料的输送方式分类

根据涂料的输送方式，喷枪可分为重力式（上壶式）、虹吸式（下壶式）和压送式（压力罐）3种，如图4-3所示。

（a）重力式（上壶式）　　　　　（b）虹吸式（下壶式）　　　　　（c）压送式（压力罐）

图4-3

1）重力式（上壶式）

涂料杯位于喷枪的上端，当压缩空气喷出时，涂料喷嘴前端产生的负压和重力使落下的涂料呈雾状喷射。这种喷枪出漆量稳定，因重力原因油漆吸出率较高，更节约涂料，但喷壶容积小，故不宜大面积喷涂。

2）虹吸式（下壶式）

涂料杯位于喷枪的下方，当压缩空气喷出时，涂料喷嘴前端产生的负压将涂料吸上呈雾状喷射，涂料喷嘴较空气帽的中心孔稍向前凸出。这种喷枪涂料容量比重力式大，但涂料损耗较多。

3）压送式（压力罐）

它是从另设的涂料增压罐（或涂料泵）供给涂料，对涂料施加压力由喷嘴喷出，涂料喷嘴与空气帽中心孔位于同一平面。这种喷枪喷涂大型表面时，不必停下来向涂料罐加涂料，可使用高黏度涂料，但不宜小面积喷涂，清洗过程较麻烦、费时。

2.根据不同涂层的要求分类

根据不同涂层要求，喷枪可分为面漆喷枪和底漆喷枪两种，如图4-4所示。

（a）面漆喷枪　　　　　　　　　（b）底漆喷枪

图4-4

1）面漆喷枪

面漆喷枪主要用于底漆以后的漆料喷涂。其主要特点是雾化精细，喷幅分散且较宽，喷涂后颜色均匀、饱满，适用于色漆和清漆的喷涂。

2）底漆喷枪

底漆喷枪主要用于底漆喷涂。其主要特点是雾化均匀，出漆量较大，喷幅集中，喷涂后能形成高填充力涂膜，以填充砂纸痕及小气孔。

面漆喷枪和底漆喷枪的喷幅对比如图4-5所示。

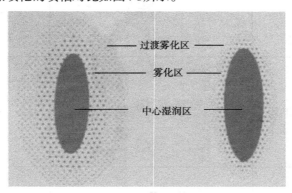

图4-5

喷枪椭圆形的喷幅有3个区：最里层是中心湿润区，中间是雾化区，外层是过渡雾化区。

从面漆和底漆的使用功能上来分：面漆主要是给被涂物件表面着色和装饰；底漆是填充被涂物件表面的砂纸痕或沙眼，也就是给面漆打基础，以免面漆漆膜上产生一些瑕疵。

3.根据喷枪雾化气压的高低分类

根据喷枪雾化气压的高低，喷枪可分为传统高气压、中流量中气压和高流量低气压3种，如图4-6所示。

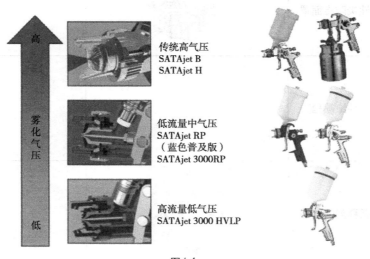

图4-6

任务实施

一、操作前的准备

工具的准备见表4-1。

表4-1

序号	工具和设备名称	图　片	型号或说明	数量
1	吹枪		—	1把
2	喷枪清洗工具		—	1套
3	除油布		—	若干
4	防溶剂手套	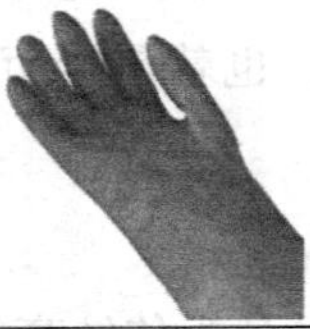	—	若干
5	活性炭防毒面罩		—	1个
6	水性漆喷枪	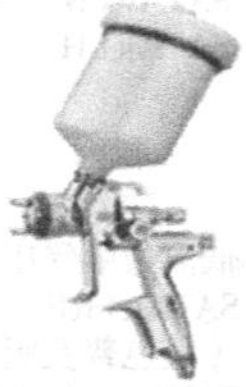	—	1把
7	装稀释剂的容器	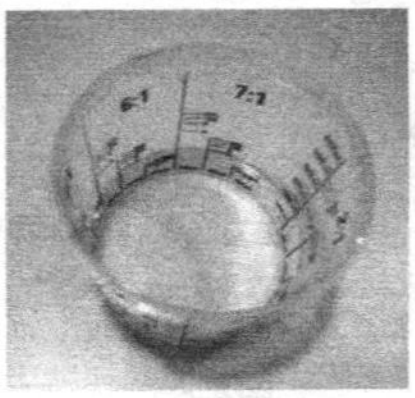	—	1个

续表

序号	工具、设备名称	图 片	型号或说明	数量
8	安全防护眼镜		—	1个
9	垃圾桶		—	1个
10	调漆工作台		—	1个
11	水性稀释剂		—	1桶
12	工作帽		—	1个
13	防静电工作服		—	1套
14	安全鞋		—	1双

工具的摆放如图4-7所示。

图4-7

二、操作过程

1.按正确流程拆卸、清洗喷枪

①按技术标准与要求，正确穿戴好耐有机溶剂手套、活性炭防毒面罩、安全防护眼镜、工作帽、安全鞋及防静电工作服等防护用品，如图4-8所示。

②将准备好的容器倒入适量的水性稀释剂，并取出一张除油布张开，以备放置喷枪零件，如图4-9所示。

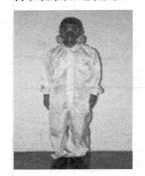

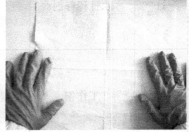

图4-8　　　　　　　　　　　　　　　　图4-9

③拆下出漆量调节旋钮，取出调整弹簧、钢针放置在除油布上；取下风帽，将风帽放入容器中，以备清洗，如图4-10所示。

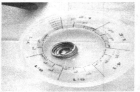

图4-10

④用专用工具将喷嘴按逆时针方向拆下，放入容器中，以备清洗，如图4-11所示。

⑤用毛刷分别清洗喷嘴内通道及喷嘴，然后用除油布擦干喷嘴，放回除油布上等待安装，如图4-12所示。

图4-11

图4-12

⑥用毛刷将枪嘴分流环处涂料及喷枪外部清洗干净，并用气枪和除油布对喷枪前端分流处及枪身吹擦干净，放置在除油布上等待安装，如图4-13所示。

图4-13

⑦用专用软毛刷与细长小毛刷清洗风帽中心孔和风帽雾化孔，然后用除尘布将风帽擦拭干净，最后放置在除油布上等待安装，如图4-14所示。

注意事项：

不要用硬的毛刷疏通通风道，以免破坏通风道的精度。

图4-14

⑧用专用软毛刷清洗枪针，并用除油布擦拭干净后，放回除油布上等待安装，如图4-15所示。

图4-15

2.维护与安装

①将喷嘴螺纹对准对应的螺纹口，按顺时针方向旋紧，并用专用扳手拧紧，如图4-16所示。

图4-16

②将风帽对准枪身对应的螺纹口，并按顺时针方向旋紧，如图4-17所示。

③用润滑油对枪针与密封圈接触的位置进行均匀涂抹，并安装枪针，如图4-18所示。

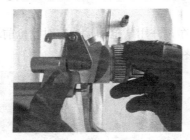

图4-17   图4-18

④在枪针弹簧和漆量调节旋钮上均匀涂抹润滑油，并用力按住漆量调节旋钮对准螺纹口按顺时针方向旋紧，再用除油布轻轻擦拭枪身，如图4-19所示。

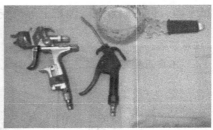

图4-19

3.清洁与整理

喷枪清洗完毕后，拆下防护用品，并将各类物品归纳到原位，如图4-20所示。

图4-20

注意事项：

在清洗过程中，不准使用钢丝刷清洗喷枪零部件，否则容易对喷枪造成损坏。

在清洗过程中，要及时处理好物品的摆放与清洁，特别是要远离火源，稀料、油漆都是易燃易爆物品。

任务拓展

在日常的生产过程中，除手工清洗喷枪外，还可用专业洗枪机进行清洗。

SATA clean RCS 喷枪快速清洗机的操作步骤和使用说明如下：

①打开洗枪机前盖，把空的容器装在左边的废料回收出口。

②把盛有清洁液的容器放到右边的吸管上，并盖上洗枪机前盖。

③接上喷枪后，把开关旋到最右边的喷涂模式。

④在喷枪上调节好喷涂气压。

⑤进行喷涂。

⑥喷涂完成后，把枪壶卸除。

⑦把喷枪放在洗枪机的左边，把开关旋到最左边的清洗模式。

⑧把喷枪油漆进口对准清洁液出口，风帽则对准毛刷。

⑨扣动喷枪扳机，上下移动喷枪以清洁风帽及枪嘴，并维持约20 s，直到喷枪清洁。

⑩把喷枪放到右边的吹风口，把开关旋到中间的吹干模式，按动吹风按钮把喷枪吹干，然后装上枪壶进行下一个喷涂工作。

具体操作流程如图4-21所示。

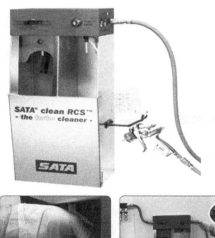

  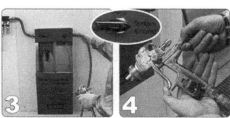

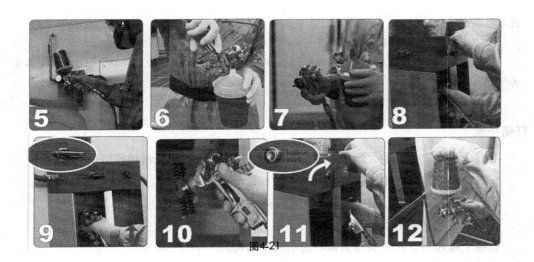

图4-21

思考与练习

一、填空题

1.根据涂料用途不同，喷枪可分为_____和_____。

2.根据涂料输送方式，喷枪可分为_____、_____和_____。

3.在清洗风帽、枪嘴时，应选_____工具进行清洁。

二、简答题

1.简述重力式喷枪的工作原理。

2.简述虹吸式喷枪的工作原理。

任务评价

考核评分表
（满分100分）　　　　完成时间：

考核时间/min	序号	项目	配分	评分标准	得分
30	1	拆卸、清洗喷枪	40	①拆卸顺序不正确，扣6分 ②未用专用工具拆下喷嘴，扣6分 ③未将拆卸的零件放在柔软的无纺纱布上，扣6分 ④喷枪清洗不到位（有废漆存在），扣2~22分，扣2分/处，扣完为止	
	2	维护、安装喷枪	40	①安装顺序不正确，扣8分 ②安装方法不正确，扣8分 ③安装喷嘴时未用专用工具，扣8分 ④安装时枪针未涂抹润滑油，扣8分 ⑤安装时未在调整旋钮上涂抹润滑油，扣8分	
	3	清洁与整理	20	未清洁、整理工作台面，扣1~20分，扣1分/处，扣完为止	
合　计			100		

任务五 中涂底漆的喷涂

任务描述

中涂底漆是改善被涂工件表面和底涂层的平整度，为面涂层创造良好的基础，提高面涂层的平整度和丰满度以及整个涂层的装饰性和抗石击性。因此，正确选择合适的底漆不仅可降低成本、方便施工，而且可延长漆膜的耐久性，充分发挥漆膜的作用，达到汽车涂装的质量要求。施工方法与涂层的质量有相当大的关系，如漆膜的膜厚度、均匀度、干燥程度及稀释剂的使用。施工环境（温度、相对湿度）和涂装表面预处理等也会影响底漆的质量。因此，正确施涂十分重要。

任务目标

完成本任务的学习后，你应能：

- 了解底漆的作用及特点。
- 掌握中涂底漆的灰度选择及调制方法。
- 掌握中涂底漆的喷涂方法。

相关知识

一、中涂底漆的作用及特性

1.中涂底漆的作用

中涂底漆是指介于底层和面涂层之间所用的涂料，如图5-1所示。中涂底漆的主要功能是改善被涂工件表面和底涂层的平整度，为面涂层创造良好的基础，提高面涂层的平整度和丰满度以及整个涂层的装饰性和抗石击性。

图5-1

2.中涂底漆的特性

①与底漆、原子灰、旧涂层及面漆有良好的配套性，增强涂层间的附着力和封固性。

②干燥后涂层硬度适中，具有良好打磨性能，研磨后表面平整光滑，无起皱、脱皮等，局部喷漆边缘平滑性好，无接口痕迹。

③有良好的填充性能，能消除底材上的轻微砂痕、较小的气孔等。

④有良好的封固性能，防止底漆层、原子灰层、旧涂层中不良物质向面漆层渗出而污染漆膜表面，破坏面漆层的装饰性。阻止面涂层的溶剂渗透底漆层、原子灰层、旧涂层。

⑤具有良好的施工性能，如温度适应性、干燥迅速等。

二、中涂底漆的喷涂类型及要点

1.中涂底漆的喷涂类型

通常汽车涂装维修时，中涂底漆的喷涂类型有两种：一种是其他部位的旧漆质量良好时，只需在原子灰整平的局部部位修补喷涂，如图5-2（a）所示；另一种是更换新的车身金属部件、新的塑料保险杠时，由于电泳底漆、塑料底漆只起到防腐和提高附着力的作用，无法达到喷涂底色漆的效果，则需要整板喷涂中涂底漆，如图5-2（b）所示。

（a）局部修补喷涂中涂底漆　　　　　　　　（b）整板喷涂中涂底漆

图 5-2

2.中涂底漆的喷涂要点

1）局部修补喷涂中涂底漆的要点

①对喷涂部位和遮蔽部位除油清洁，然后反向贴护。

②按照产品调配要求，添加合适的固化剂（双组分中涂底漆）及稀释剂。

③局部修补喷涂中涂底漆，一般需喷涂2～3层中涂底漆，每层之间闪干5 min左右。由于中涂底漆的体质颜料较多，填充性强，并且会造成流平性不如免磨底漆和面漆好。因此，修补喷涂时，喷涂区域周边会较粗糙，会有一些漆尘。如果按照大家通常习惯的逐层扩大的喷法，则后面一层就会覆盖在前面一层的粗糙表面及漆尘之上；如果后面一层因天气较热或喷涂较薄不能溶解前一层的涂膜，则中涂底漆表面会较粗糙，难以打磨。因此，一个较好的方法是按照从大到小的方式喷涂中涂底漆（见图5-3），以使后面涂层的漆尘落在前一层之上，减少打磨工作量。

④局部修补时，底漆喷枪气压设置见表5-1。具体的设定参数需参照涂料和喷枪厂商的产品使用资料。

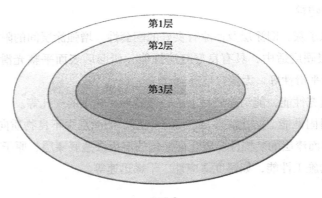

图5-3

表5-1

喷枪	枪尾气压/kPa
传统喷枪	300
低流量中气压喷枪	200
高流量低气压喷枪	150

2）整板喷涂中涂底漆的要点

①使用除油剂对工件表面进行除油清洁。

②按照产品调配要求，添加合适的固化剂（双组分中涂底漆）及稀释剂。

③按照产品要求正确调配喷枪，中涂底漆需使用喷枪口径为1.6～2.0 mm的底漆喷枪。喷枪气压与中涂底漆喷涂面积有关，面积较大和整板喷涂时的气压设置见表5-2。具体设定参数需参照涂料和喷枪厂商的产品使用资料。

表5-2

喷　枪	枪尾气压/kPa
传统喷枪	200
低流量中气压喷枪	150
高流量低气压喷枪	100

三、根据面漆灰度选择中涂底漆的灰度

当一个面漆颜色的灰度值和中涂底漆颜色的灰度值最接近时，面漆最容易遮盖住中涂底漆，这时面漆的用量最节省，就意味着喷涂道数减少，节约喷涂时间和闪干时间。因此，采用与面漆相同灰度值的中涂底漆是降低成本和提高效率的好方法。

目前，有的涂料厂商在面漆颜色配方系统中提供颜色的灰度值，方便用户根据面漆灰度值选择合适灰度的中涂底漆。涂料厂商开发有3种不同灰度值的中涂底漆和免磨涂底漆，通过一定比例可调配出其他4种灰度的中涂底漆或免磨中涂底漆。如图5-4所示为3种产品使用不同的比例调配出7种灰度中涂底漆的比例。其中，SG01—SG07即灰度值。因此，

需注意不同涂料品牌灰度值的表示编号不同，但编号中一定含有灰度值数字1~7。

产品编号	SG01	SG02	SG03	SG04	SG05	SG06	SG07
P565–511	100	95	80	50	0	0	0
P565–510	0	5	20	50	100	99	92
P170–5670	0	0	0	0	0	1	8

图5-4

任务实施

一、操作前的准备

工具的准备见表5-3。

表5-3

序号	工具和设备名称	图 片	数量
1	吹枪		1把
2	喷枪清洗液		1套
3	除油布		若干
4	防静电工作服		1套

续表

序号	工具和设备名称	图　片	数量
5	耐有机溶剂手套	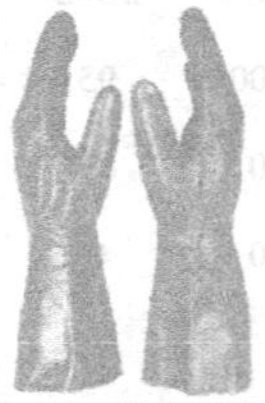	若干
6	乳胶手套	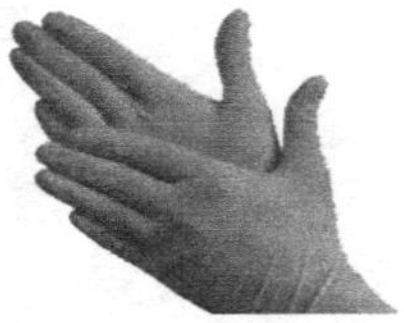	若干
7	安全防护眼镜		若干
8	活性炭防毒面罩		1个
9	工作帽		1个
10	底漆喷枪		1把
11	垃圾桶		1个
12	粘尘布		若干

续表

序号	工具和设备名称	图 片	数量
13	调漆工作台		1个
14	喷涂架		1个
15	调漆尺		若干
16	免洗枪壶		若干
17	试枪纸		1叠
18	底漆、稀料、固化剂		1套
19	安全鞋	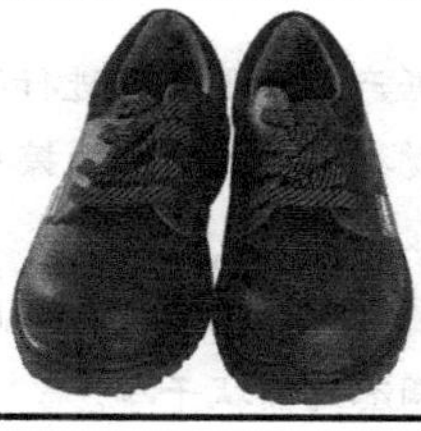	1双

工具的摆放如图5-5所示。

图5-5

二、操作过程

1.中涂底漆的调配

①按技术标准与要求，正确穿戴好乳胶手套、活性炭防毒面罩、安全防护眼镜、工作帽、安全鞋及防静电工作服等防护用品，如图5-6所示。

②依据中涂底漆的产品型号，查阅产品的使用手册，如图5-7所示。

图5-6　　　　　　　　　　　　　　　　　图5-7

③根据所需喷涂的面积，按产品使用手册，依据免洗喷壶的刻度线，调配一定比例的中涂底漆，并搅拌均匀，如图5-8所示。

注意事项：

在添加过程中，必须依据产品使用手册进行添加。

添加中涂底漆后，应将搅拌盖上的出漆口擦拭干净。

每次添加时，应及时清零。

配比为体积比，如需质量比，则要根据油漆厂商给出的比重进行计算。

搅拌中涂底漆后，应将调漆尺擦拭干净。

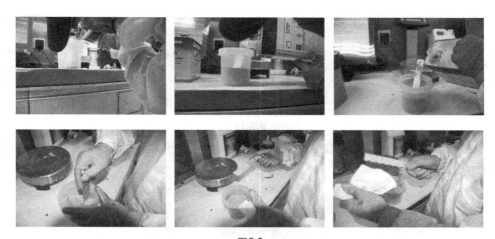

图5-8

④将装有中涂底漆的免洗枪壶装到底漆枪上，并迅速拧紧到合适位置，如图5-9所示。

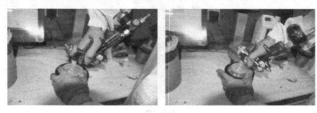

图5-9

2.施涂中涂底漆

①用粘尘布张开折叠后对板件表面进行粘尘，如图5-10所示。

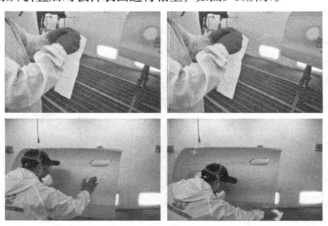

图5-10

②喷枪接通气源后，迅速调整好喷枪的出漆量、喷涂扇面和气压，如图5-11所示。

注意事项：

根据油漆厂商的指导书设定出漆量，一般为两圈。

根据喷枪的特性及喷涂范围调整适当的喷幅，一般打开3/4。

因使用的是低流量中气压喷枪，故需将气压调整至1.5 MPa即可。

图5-11

③喷枪调试后进行试枪，根据试枪观察喷枪调整是否正常，判断涂料是否有黏性，如图5-12所示。

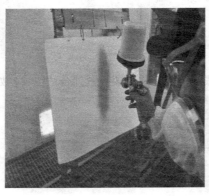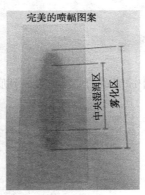

图5-12

④喷涂第一道中涂底漆。喷涂时，应先将损伤区域遮盖，再喷涂板件的边缘和喷涂工件的表面，如图5-13所示。

注意事项：

根据板件的幅度，调整喷枪的距离。

喷涂时，应保持喷枪与板件处于垂直状态。

走枪的速度要根据涂料的黏度来控制。

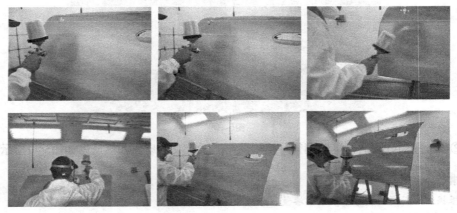

图5-13

⑤观察第一道的喷涂效果。若无流挂、露喷，则等待喷涂底漆表面都处于亚光状态后，再施涂第二道，如图5-14所示。

注意事项：

根据温度与气候，一般底漆必须要充分闪干5 min左右后，方可喷涂第二道。

其喷涂方法与第一道相同。

通过观察第一道的效果，再实施第二次，应及时调整手法，喷涂遮盖有缺陷地方。

喷涂后，膜厚应为70~150 μm。如果过厚，将需要更长的干燥时间，降低效率。

图5-14

3.清洁与整理

清洁并整理工具，将剩余的中涂底漆从喷枪上取下，并回收到指定位置，再用油性洗枪水将底漆喷枪清洗干净，最后将工位恢复到原位，如图5-15所示。

图5-15

任务拓展

自流平中涂底漆和单组分侵蚀底漆如图5-16所示。

1.自流平中涂底漆

喷涂后无须打磨底漆，20 ℃时，闪干约15 min后，即可喷涂面漆。

2.单组分侵蚀底漆（自喷罐）

它无须调配，使用方便，特别适用于小面积点修补和快修。

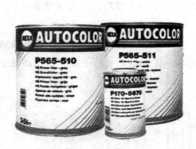

图5-16

思考与练习

一、填空题

1.车用中涂底漆的功用是_____。

2.烤漆房是汽车_____重要的设备，用于喷涂完成后的干燥。

3.现代烤漆房的空气供应系统一般采用上送下排式，又称_____。

二、简答题

1.简述头道底漆的喷涂步骤与方法。

2.简述底漆的调配步骤。

任务评价

考核评分表

（满分100分）　　　　　　　　完成时间：

考核时间/min	序号	项　目	配分	评分标准	得分
30	1	调配中涂底漆	30	①未穿戴防护用品或穿戴不合理，扣1~3分，每件扣1分，扣完为止 ②倾倒中涂底漆前未搅拌中涂底漆，扣3分 ③倾倒后未清洁浆盖出漆口，扣3分 ④用量估算过多，扣3分 ⑤未按正确比例添加固化剂，扣3分 ⑥未按正确比例添加稀释剂，扣3分 ⑦未充分搅拌调配好的中涂底漆，扣3分 ⑧未清洁调漆尺，扣3分；未及时盖上稀释剂溶剂桶盖，扣3分 ⑨未清洁操作台，扣3分	
	2	喷涂中涂底漆	30	①未穿戴防护用品或穿戴不合理，扣1~3分，每件扣1分，扣完为止 ②喷涂前未粘尘，扣2分 ③未正确调配喷枪，扣3分 ④喷涂过程中操作喷枪不正确，扣5分 ⑤喷涂结束未清理，扣2分	
	3	最终效果	30	①漆膜纹理不均匀或出现橘皮（视严重程度），扣3~6分 ②中涂流挂，扣3~6分 ③边角未盖死，扣3~8分 ④修补原子灰区域未遮盖住，扣10分	
	4	清洁与整理	10	未清洁喷枪、整理工作台面，扣1~10分，扣1分/处，扣完为止	
合　计			100		

任务六 中涂底漆的打磨

任务描述

除自流平底漆外，一般中涂底漆喷涂后，因底漆浓度高，底漆喷枪口径大，喷出的颗粒较粗，导致表面不光滑，不能满足喷涂色漆的要求。此时，必须选择合适的砂纸进行精细打磨。常见中涂底漆的打磨方法有干磨和水磨两种。从环保要求和提高效率两方面来看，应采取干磨。

任务目标

完成本任务的学习后，你应能：
- 能正确选用合适的砂纸型号及工具进行中涂底漆的打磨。
- 熟悉中涂底漆的打磨方法。

相关知识

一、中涂底漆的打磨方法

中涂底漆喷涂后，虽然表面已光滑平整，但仍不能满足喷涂面漆的需要。此时，必须进行精细打磨，特别是经过填眼处理后，其表面更需要打磨。中涂底漆的打磨一般以手工打磨为主，可采用干磨和水磨两种打磨方法。中涂底漆要打磨得非常光滑，表面不得有砂痕或小坑凹陷，否则会影响面漆喷涂质量。因此，中涂底漆的打磨十分重要。

图6-1

一般中涂底漆的干磨采用P320—P500号的砂纸配合直径3 mm的双作用打磨头进行。当面漆为双组分素色漆时，采用P320—P400号的砂纸；当面漆为单组分金属漆时，采用P400—P500号的砂纸。打磨机的使用方法和要领与打磨原子灰时相同。打磨时，磨头的转速不要过快，不要用太大的力压在漆膜上，否则会造成中涂底漆漏底，如图6-1所示。

二、干磨中涂底漆的施工流程

1.手工打磨中涂底漆

涂抹碳粉指示剂后，用手刨配合P320，P400号的砂纸消除底漆边缘的痕迹和淡化接口部分，如图6-2所示。

图6-2

2.机械打磨中涂底漆

①涂抹碳粉指示剂后，选择偏心距为3 mm的磨头与P400的干磨砂纸或灰色菜瓜布配合对板件按平面打磨方法进行打磨（中间需安装中间软垫）。若遇到银粉类的板块，则需要更细的P500的干磨砂纸对板件进行打磨，这样能有效避免底色漆施工后产生的细微砂纸痕迹。

②对车身边缘无法打磨到的地方，可用P800的海绵砂纸或灰色菜瓜布进行打磨，如图6-3所示。

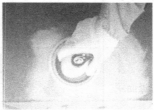

图6-3

任务实施

一、操作前的准备

工具的准备见表6-1。

表6-1

序号	工具和设备名称	图 片	型号或说明	数量
1	吹枪		—	1把
2	除油布		—	若干
3	安全防护眼镜		—	1个

续表

序号	工具和设备名称	图　片	型号或说明	数量
4	棉纱手套		—	若干
5	防尘口罩		—	若干
6	耐有机溶剂手套		—	若干
7	活性炭防毒面罩		—	1个
8	垃圾桶		—	1个
9	中央集尘打磨系统		—	1套
10	砂纸		圆磨头：P80，P120，P180，P240，P320，P400，P500 手刨：P80，P120，P180，P240，P320，P400	若干

续表

序号	工具和设备名称	图 片	型号或说明	数量
11	耐溶剂喷壶	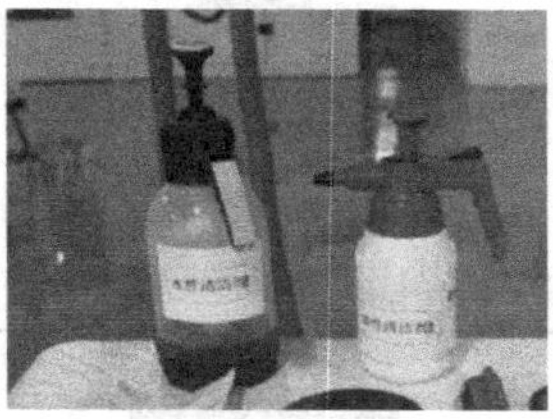	油、水	两个
12	耳塞	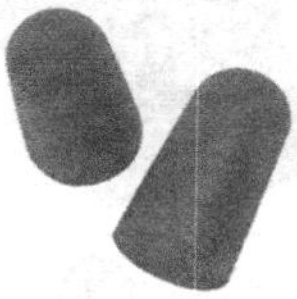	—	1对
13	海绵砂		—	一盒
14	抹布		—	两张
15	油性除油剂		—	1桶
16	水性除油剂		—	1桶
17	X喷涂架		—	1台

续表

序号	工具和设备名称	图　片	型号或说明	数量
18	灰色菜瓜布		—	1盒
19	工作帽		—	1个
20	安全鞋		—	1双
21	防静电工作服		—	1套

工具的摆放如图6-4所示。

图6-4

二、操作过程

1.中涂底漆的打磨

①按技术要求与标准，穿戴好防尘口罩、安全防护眼镜、工作帽、安全鞋、棉纱手

套、防静电工作服、耳塞等防护用品，如图6-5所示。

②在喷涂中涂底漆的工件上涂抹一道打磨指示层，并用P600—P1000号的海绵砂或灰色菜瓜布清理板件边缘、折叠处不宜打磨的地方，为后面整板打磨提供良好的条件，如图6-6所示。

③选用偏心距为3 mm的双作用打磨机，在托盘上加装中间软垫，并使用P400号或P500号的砂纸进行打磨，如图6-7所示。

注意事项：

> 如喷涂单工序的面漆或双工序纯色漆，需使用P400号的砂纸；喷涂双工序金属漆，则需使用P500号的砂纸。
>
> 最后一次精磨时，可将灰色菜瓜布装在打磨机上，打磨工件表面，从而达到清除工件表面灰尘的效果。
>
> 要确定喷涂的区域全部磨毛至没有任何光泽，才能确保新喷的漆面有良好的附着力和最佳的流平。

图6-5

图6-6

图6-7

④用抹布配合吹尘枪及时清理工件表面的灰尘，在吹尘的同时观察打磨效果，并检查有无漏磨的情况。若未达到喷涂色漆的标准，则需继续打磨到合格为止，如图6-8所示。

⑤按技术标准与要求，穿戴好耐有机溶剂手套、活性炭防毒面罩、安全防护眼镜、工作帽、安全鞋及防静电工作服等防护用品，如图6-9所示。

图6-8　　　　　　　　　　　　　　图6-9

⑥采用先水后油的除油方法对工件进行除油，如图6-10所示。

图6-10

2.清洁与整理

用吹枪将干磨机吹净后复位，同时清洁、整理工位，如图6-11所示。

图6-11

注意事项：

除油时，应先水后油。

打磨时，应首先打磨板件边缘，然后打磨整面。

打磨后，应无菊纹。

思考与练习

一、选择题

1.中涂底漆的主要功用是改善被涂工件表面和涂层的（　　）。

    A.光洁度　　　　　B.鲜艳度　　　　　C.平整度　　　　　D.黏度

2.手工湿打磨中涂底漆表面时，选择水砂纸的粒度为P（　　）号。

    A.60　　　　　　　B.100　　　　　　　C.240　　　　　　　D.320

二、简答题

为什么要打磨喷涂中涂底漆？

任务评价

考核评分表

（满分100分）　　　　　　完成时间：

考核时间/min	序号	项　目	配分	评分标准	得分
30	1	打磨中涂底漆	45	①未穿戴防护用品或穿戴不正确，扣1~3分 ②打磨前未检查中涂底漆喷涂状况，扣3分 ③未涂抹碳粉指示剂，扣3分；抹涂不够均匀，扣2分 ④打磨头选择错误，扣5分 ⑤砂纸型号选择错误，扣5分 ⑥干磨机开启不正确，扣5分 ⑦打磨时方法不正确，扣5分（打磨头未平放、打磨头运行方向不正确） ⑧未使用菜瓜布或海绵打磨边角，扣5分 ⑨菜瓜布选择不正确，扣5分 ⑩打磨后未吹尘，扣3分 ⑪未除油，扣3分	
	2	打磨后的效果	45	①打磨未彻底，扣5~15分，扣5分/处，扣完为止 ②磨穿，扣5~15分，扣5分/处，扣完为止 ③有打磨痕迹和菊纹，扣5~15分，扣5分/处，扣完为止	
	3	清洁与整理	10	①未清洁打磨机，扣3分 ②未清洁操作场地，扣3分 ③未将工作台面整理干净并复位，扣4分	
合计			100		

任务七　色漆的调配

任务描述

　　在汽车修补涂装中，色漆调色是汽车修补漆配色的一个重要环节。调漆工艺必须有一个正确的程序，才能保证调漆的效果。根据识别原品牌汽车的颜色，分析色漆配制与调色失配的常见原因，研究颜色调配的基本程序。因此，在整个涂装过程中，色漆的调配显得十分重要。

任务目标

　　完成本任务的学习后，你应能：
- 正确认识与了解相关的配色基础知识。
- 熟悉配漆与调色的相关要领与技能。

相关知识

一、配漆的基础知识

1.颜色调配的基础知识

　　颜色是由光刺激人们的眼睛产生的一种感觉，颜色不能离开光单独存在，没有光线，也就没有颜色。

　　1）感知颜色

　　人的眼睛具有3种基本神经：感红、感绿和感蓝，并由此合成多种色感。光谱的不同能引起这3种视觉神经不同比例的兴奋，并将这些兴奋转换成信号传至大脑，而大脑将这些信号转换为色彩，于是人们就看到了颜色，如图7-1所示。

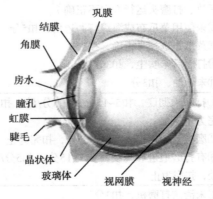

　　角膜：保护眼球

　　瞳孔：调节进入眼球的光线数量

　　晶状体：使光线聚焦在视网膜

　　视神经：向大脑发送视觉信号

图7-1

　　2）光线

　　如果光源发出的白光穿过了三棱镜，则会被分为不同颜色的各种光线，这称为"光谱色"，俗称"彩虹色"，如图7-2所示。这是因为光线从不同的角度被折射出来，这些光着色在380～780 nm的波长范围，也就是人们日常说的"七色光"，即红、橙、黄、绿、青、蓝、紫，如图7-3所示。

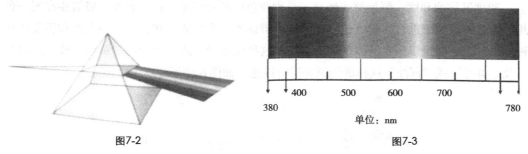

图7-2
图7-3

3）三原色

三原色是其他颜色的基础。三原色无法通过混合其他颜色而获得，所有其他颜色可通过混合基色而获得，如图 7-4所示。

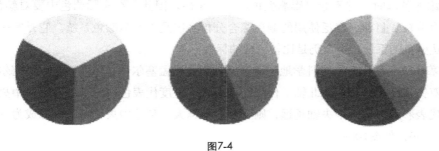

图7-4

2.色彩三属性

1）色相

色相又称色调，是色彩的第一个重要属性。物体的色相包括红色、橙色、黄色、绿色、蓝色及紫色等。将显著不同的色相排成一个圆环，圆环的周边依次排列了各种不同的色相，称为色环，如图7-5所示。

涂料厂商往往会将各种不同的色母产品标注在这样的圆环上，以显示该色母的色母特性，一般将其称为色环图。

2）明度

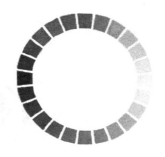

图7-5

明度又称亮度、深浅度或明暗度，反映光的反射值大小。它可定义为反射光的总量与入射光的总量之比，用0～100%表示。数值越大，表示颜色越浅；反之，表示颜色越深。不同的色调也有不同的明度，如紫色明度最低，红色、绿色中等，黄色最亮，如图7-6所示。

图7-6

明度一般用黑白轴表示。越接近白色，则明度越高；相反，越接近黑色，则明度越低。因此在调色时，黑色或白色能最快、最明显地影响颜色的明度。

3）彩度

彩度又称饱和度、鲜艳度或纯度，是指颜色的鲜艳程度。比较彩度一般需要在同一色相和明度的颜色下进行。彩度是色彩中最难辨认的一个性质。在比较同一色相和明度的两种颜色时，才会意识到它的表现形式。进行这种比较时，通常会使用"鲜艳"或"黯淡"以及"鲜亮"或"浑浊"这样的词语来进行描述。如图7-7所示为彩度的比较。

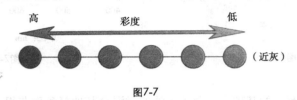

图7-7

4）孟塞尔颜色系统

在添加色母时，并不会只影响颜色的一个属性。因此，在实际调色中要对颜色的3个属性综合分析。目前，广泛使用的颜色综合分析系统是孟塞尔颜色系统。它是第一个用维空间表达颜色的系统，至今仍是比较色法的标准。

孟塞尔颜色系统形象而科学地把所有颜色集合在孟塞尔色立体模型中，孟塞尔色立体像一个双锥体，中央轴（南北轴）代表明度等级，经度代表色相，某一颜色与中央轴的水平距离代表彩度。离开中央轴越远，则彩度数值越大。到达中央轴上时，即成为一个中性色，彩变为0，如图7-8所示。

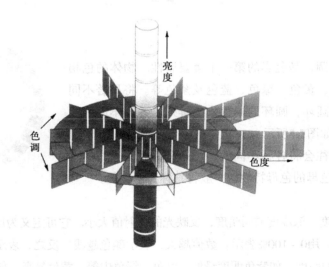

图7-8

孟塞尔颜色系统对颜色的具体定位方式如下：

（1）色相的定位方式

孟塞尔颜色系统把色相分为5个主色调：红、黄、绿、蓝、紫。在相邻的两个主色中又定义了5种中间色：黄/红、黄/绿、蓝/绿、蓝/紫、红/紫，并把所有的色相连成了一个色环。同时，每一种色相又被分为10份，用0~10刻度来表示。5是标准色，如5R，5G分别代表标准红色调和标准绿色调。而对黑、白、灰这些无彩色，则统一用N表示它们的色调。

（2）明度的定位方式

孟塞尔立体的中央轴（南北轴）代表明度等级。最高点最浅，最低点最深。相对应的，纬度明度不同，越往上越亮，往下就越暗。明度分为11个等级：最亮的是白色，明度为10；最低的是黑色，明度为0。通过这样的数值，可大致定位所有颜色的明暗程度。

（3）彩度的定位方式

某一特定颜色与中央轴的水平距离代表彩度，它表示具有相同明度值的颜色离开中性色的程度。颜色在孟塞尔立体上的一个平面上从外圈向内移动。彩度降低，即离中心越近，色彩就越灰；颜色离中心越远，色彩就越纯净，彩度就越高。彩度也有刻度，如0，2，4，6，8等。当彩度是0时，为系统的中轴，即是没有色彩的黑、白或灰色（中性色）。

孟塞尔系统对颜色的表示方法为：×××/×。第1位代表色调的数值，第2位代表色调的颜色（即前面提到的基本分类色调，用字母表示），第3位代表明度值，第4位则代表彩度值。例如，5R4/14代表明度为4、彩度为14的正红色；6RP4/12代表明度为4、彩度为12的纯红紫色。另外，N0代表绝对黑色；N10代表绝对白色；N5代表中灰色。

实际调色时，添加任何一个色母都不会只影响颜色的一个属性，往往都会对以上3个属性中的两个属性产生一定的影响。因此在调色时，先调整差别最大的属性。

如果要把油漆颜色"P"微调为车身颜色"C"，可用下面的模型定量分析两种颜色在色相、明度和彩度3个方面的差别，然后主要考虑差别最大的属性，次要考虑差别较小的属性，选择合适的色母，如图7-9所示。

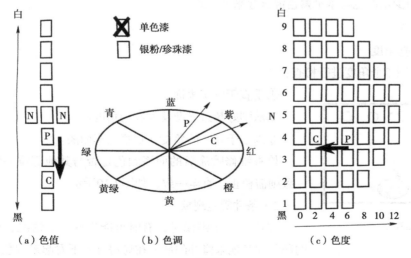

图7-9

二、颜色微调

1.颜色属性调整

可从以下3个方面进行颜色分析：

①从正面或某一角度观察色漆，看颜色是否太深或太浅。

②检查色相，看色漆是否比原面漆更红、更蓝、更绿或更黄。

③检查刚喷的色漆的色度是否比原面漆高。

1）明度调整

影响明度的主要因素有车间环境、喷涂方法、溶剂的使用、油漆的用量、喷枪压力及混合料中的颜料用量等。在明度调整时，必须综合考虑各种因素，才能得到合适的油漆明度。

2）色相调整

每种颜色的色相只可能沿两个方向变化：

①色相会发绿或发红的颜色有蓝色、紫色、黄色、米黄色及棕色。

②色相会发黄或发蓝的颜色有绿色、黑色、褐红色、灰色或银色、白色。

③色相会发黄或发红的颜色有青铜色、红色和橘红色。

④色调会发蓝或发绿的颜色有海蓝色和青绿色。

可根据油漆厂提供的资料，选出能调出正确色相的调色剂，并按照最低限量计算调色剂的用量。经充分搅拌均匀后，喷涂一小块试板，待干燥后与原面漆作颜色对比。

3）纯度调整

调整好明度和色相后，开始调整颜色的纯度。如果要想把颜色调得鲜艳些，则必须重新调整前两个项目；如果要使面漆灰些，就要喷一层湿漆膜，再以较远的距离和较低的气压喷一层用少量白色与微量黑色混合起来的漆膜。

2.检查校正

1）检查角度

可从以下3个角度进行检查：

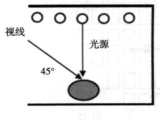

图7-10

①垂直于汽车表面。

②从刚好超过光源反射线的角度。

③以小于45°的角度，观察汽车面漆。

检查维修喷涂后的面漆颜色是否与其他部位一致，如不一致则需校正，直至一致，如图7-10所示。

2）条件等色现象

在进行汽车维修时，有时可能出现以下情况，即修补过的部分和其他未修补的部分在烤房灯光下看起来颜色一致，但把车开到太阳光下后就会发现存在明显的颜色差异，这种现象称为同色异谱或条件等色现象。其发生原因往往是原厂漆和修补漆采用的颜料不一致。

三、水性漆调色的相关工具认识

水性漆相关调色的工具见表7-1。

表7-1

名　称	图　片	简　介
保温柜		水性漆主要溶剂为去离子水，由于水会在温度低于5 ℃时开始结晶，而高温不利于涂料产品长期储存和使用，水性漆合适的储存温度为5~35 ℃。因此，水性漆色母需存放在可控温的保温柜中，而保温柜可设置好一个温度，一旦温度低于该温度，就会自动升温。一般保温柜温度设定为20 ℃左右
电子秤		电子秤又称配色天平，是一种称涂料用的专用天平。它由托盘、电子显示器和集成电路板组成。它可用来计算适当的混合比。精确度一般为0.1 g，由明亮的发光二极管作为显示器，并安装在托盘上方。电子秤使用方便，属于专为汽车修补漆称量的配套产品。电子秤的灵敏度较高，使用时应避免大的气流
标准光源对色箱		它是一种接近阳光所有波长的灯，可在夜间或下雨时替代阳光，从而进行颜色微调
颜色烘烤箱		颜色烘烤箱简称烘箱，在喷涂作业中多用于喷涂样板的烘干。一般为柜式结构，加热方式一般为电阻加热和红外线加热。其特点是保温性好，占地面积小
调色指南		提供各种色母特性、色母与素色和金属色母的混合效果及比例等，使调色者轻松掌握各类色母特性

任务实施

一、操作前的准备

工具的准备见表7-2。

表7-2

序号	工具和设备名称	图　片	数量
1	吹枪		1把
2	喷枪清洗液		1套
3	除油布		若干
4	防静电工作服		1套
5	活性炭防毒面罩		1个
6	乳胶手套		若干

续表

序号	工具和设备名称	图　片	数量
7	安全防护眼镜		若干
8	工作帽		1个
9	安全鞋		1双
10	水性漆喷枪		1把
11	垃圾桶		1个
12	调漆工作台		1个
13	喷涂架		1个

续表

序号	工具和设备名称	图　片	数量
14	调漆尺		若干
15	电子秤		1台
16	免洗枪壶	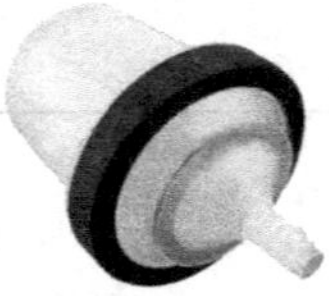	若干
17	试枪纸		1叠
18	粘尘布		若干
19	整套水性色母		1套
20	水性漆保温		1个

续表

序号	工具和设备名称	图 片	数量
21	光源对色箱		1台
22	颜色烘烤箱	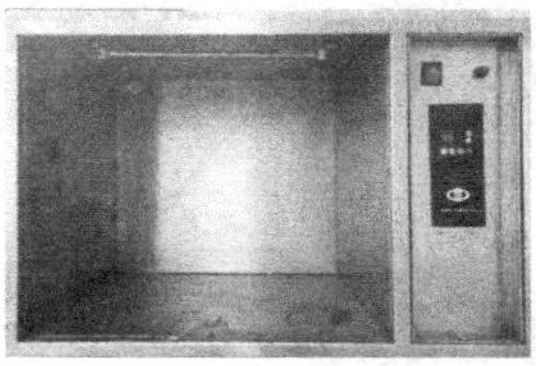	1台
23	水性漆喷枪清洗剂机	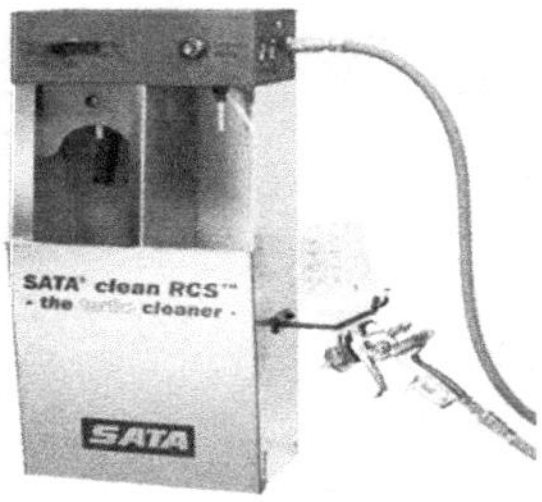	1台
24	试板	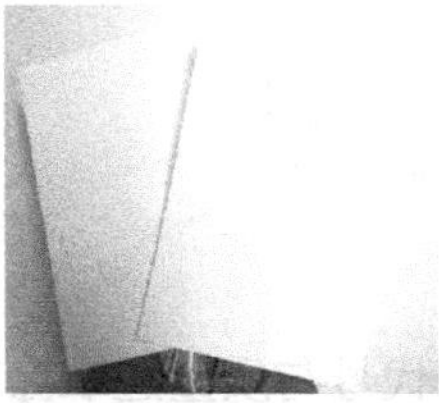	一盒
25	调色指南	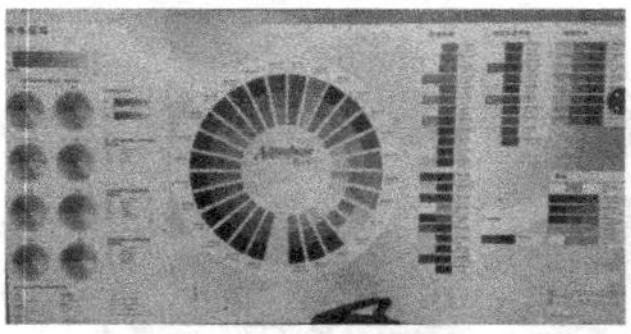	一块

工具的摆放如图7-11所示。

二、操作过程

1.色母的添加与调配

①按技术标准与要求，正确穿戴好乳胶手套、活性炭防毒面罩、安全防护眼镜、工作帽、安全鞋及防静电工作服等防护用品，如图7-12所示。

②平稳摆放好电子秤，并接通电源；取出免洗枪壶，并安装好内胆，放置在电子秤上及时清零，如图7-13所示。

图7-11

图7-12

图7-13

③根据提供的色母代号与质量选取涂料，并逐一按色母比例正确添加到调漆杯中，如图7-14所示。

图7-14

注意事项：

接近标准质量数值时，注意大拇指要控制好开关，以避免加多。

每添加一种色母后，要及时用除油布将出漆孔擦拭干净。

每添加一种色母需及时将电子秤归零，便于添加另一种色母。

④添加完毕后，需用调漆尺将色母搅拌均匀为止，并将调配好的水性漆密封保存，如图7-15所示。

图7-15

2.色漆调配

①根据需要喷涂试板面积的大小，向杯中倒入适量的水性漆，并将电子秤清零，如图7-16所示。

图7-16

②根据水性漆的特点及质量，向杯中加入15%~20%的水性稀释剂，并用调漆尺均匀搅拌，如图7-17所示。

图7-17

注意事项：

纯银色和高银粉的色漆加20%~30%的水性稀料，其他加15%~20%的水性稀释剂即可。

③在免洗枪壶盖上安装油漆过滤网，并安装免洗枪壶，如图7-18所示。

④将免洗枪壶的盖子盖上并迅速拧紧，一手持枪、一手固定免洗枪壶，将其对准后拧紧到位，如图7-19所示。

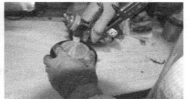

图7-18   图7-19

3.试板喷涂与烘烤

①选取几张试板，用调漆尺在试板后方用纸胶带粘住，如图7-20所示。

②采用不同的喷涂方法喷涂试板，以衡量能否通过调整喷涂手法使颜色相匹配，如图7-21所示。

 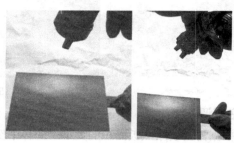

图7-20   图7-21

注意事项：

必须保证喷涂工件能采用同样的喷涂手法，即喷涂试板的手法与喷涂工件的喷涂条件必须保证一致，喷涂工具也必须一致。

③将喷涂好的试板放置到颜色烘烤箱中进行烘烤，如图7-22所示。

图7-22

注意事项：

一定要在定时器上按规定设置时间进行烘烤，以免将试板烤坏。

4.颜色微调

①打开灯箱侧面的电源开关和控制面板上的电源键，如图7-23所示。

②将标准色板和喷涂好的差色板放置在灯箱底部的中间位置，并选择需要的配色灯光，如图7-24所示。

  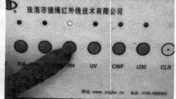

图7-23   图7-24

③选择好45°视线观察标准色板与差色板之间存在的色差，并选出最具明显色差的一张作为判断色差的依据，如图7-25所示。

注意事项：

为了进一步准备判断存在误差，可来回调换标准色板与差色板之间的位置进行判断。

④依靠调色指南与光源对色箱找出缺少的色母；重新调配后，再进行喷涂试板，直至将色差降到最低，如图7-26所示。

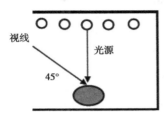

图7-25

5.清洁与整理

整个流程操作完毕后，应及时整理气管，然后清理工具和清洗喷枪，并将工具及时归还到原位，如图7-27所示。

图7-26

图7-27

思考与练习

一、选择题

1.由外部条件的影响导致颜色的变化，称为（　　　）。

　　A.变色　　　　　　B.掉色　　　　　　C.褪色　　　　　　D.走色

2.（　　　）存在涂层厚度不一而带来的色差。

　　A.比较法　　　　　B.制作色漆样板法　　C.点漆法　　　　　D.打磨法

3.通常把（　　　）称为物体的三原色。

　　A.红、绿、蓝　　　B.红、黄、蓝　　　　C.红、黄、紫　　　D.红、蓝、紫

4.（　　　）不是调色设备。

　　A.搅拌机　　　　　B.喷枪　　　　　　　C.电子秤　　　　　D.比例尺

5.女性从事调漆工作最大的优势是（　　　）。

　　A.色盲患病率低　　B.辨色力强　　　　　C.细心　　　　　　D.耐心

二、判断题

1.利用可见光分光光度计可辨别原车颜色。　　　　　　　　　　　　　　（　　　）

2.通常情况下，一滴涂料的质量约为0.05 g。　　　　　　　　　　　　（　　　）

3.色母的沉降会导致湿涂料与干涂料涂膜的颜色产生差异。　　　　　　（　　　）

4.一般解决颜色添加过量的方法是加副色冲淡。　　　　　　　　　　　（　　　）

三、简答题

1.什么是色母？色母有哪几种？

2.简述配色的程序。

3.常用的调色设备有哪些？

任务评价

考核评分表

（满分100分）　　　　　　　　　　　　　　完成时间：

考核时间/min	序号	项　目	配分	评分标准	得分
75	1	调配底色漆	15	①未穿戴防护用品或穿戴不正确，扣1~3分 ②一次性喷壶防漏塞未盖紧，扣2分 ③底色漆与稀释剂调配比例不正确，扣4分 ④底色漆与稀释剂搅拌不匀，扣2分 ⑤调配完毕物品未复位，扣2分 ⑥喷枪与喷壶安装方法不正确，扣2分	

续表

考核时间 /min	序号	项　目	配分	评分标准	得分
75	2	试板的喷涂	25	①未穿戴防护用品或穿戴不正确，扣1~3分，每件扣1分，扣完为止 ②喷枪出漆量调整不当，扣2分 ③喷枪喷幅调整不当，扣2分 ④喷枪气压调整不当，扣2分 ⑤未进行试枪，扣2分 ⑥试枪方法不正确，扣2分 ⑦第一道底色漆喷涂不合理，扣3分 ⑧未留有充分的闪干时间，扣3分 ⑨第二道底色漆喷涂不合理，扣3分 ⑩第三道喷涂不合理，扣5分	
	3	颜色微调	50	①无法正确、快速地判断缺少的色母需进行多次微调，扣10~20分，微调一次扣10分，扣完为止 ②无法正确使用对色箱，扣5~10分，出现一次扣5分 ③无法正确使用颜色烘烤箱，扣5~10分，出现一次扣5分 ④未在规定时间内完成调色，扣1~10分，超出1 min扣1分	
	4	清理与整洁	10	①未清洁喷枪，扣3分 ②未清洁操作场地，扣3分 ③未将工作台面整理干净并复位，扣4分	
合　计			100		

任务八 面漆的喷涂

任务描述

在汽车修补涂装中，面漆喷涂是汽车修补漆中的一个重要施工环节。施涂工艺需要有一个正确的程序，才能保证最终的漆面效果，而水性漆的喷涂与油性漆的喷涂又不太相同，因此，面漆的喷涂在最终环节显得尤为重要。

任务目标

完成本任务的学习后，你应能：

● 熟练水性底色漆的喷涂。

● 正确掌握面漆的喷涂技能。

相关知识

水性底色漆的喷涂方法及要点如下：

1.安全防护

虽然水性漆有机挥发物（VOCs）含量低，但它仍含有树脂、颜料和添加剂这些化学成分。在水性漆调漆和喷涂时，操作人员仍有可能吸入有机气体，眼睛、皮肤易接触到化学品，因此，必须佩戴防护用品，如图8-1所示。

图8-1

防护用品有安全眼镜、活性炭防护口罩、乳胶手套、防静电工作服、安全鞋及安全帽等。

2.清洁

喷涂水性底色漆前，必须使用水性清洁剂和溶剂型清洁剂进行两次清洁。可根据涂料厂商提供的清洁剂方面的技术标准与要求，先使用水性清洁剂清洁工件表面，再使用溶剂型清洁剂清洁，如图8-2所示。

其清洁方法是：使用清洁剂对工件表面进行清洁，然后使用粘尘布粘去车体表面的灰尘、纤维等细小杂质，以减少面漆上的脏点。

图8-2

3.水性漆调配

按照产品调配要求，添加合适分量的水性稀释剂。调配并搅拌均匀后，用水性漆专用过滤网过滤并加入水性漆专用喷枪。由于水性漆会溶解普通过滤网的黏结用胶水，因此，需要使用水性漆专用的125μm网眼的尼龙过滤网过滤。与溶剂型底色漆不同，通常水性漆以质量比添加稀释剂，添加比例一般为10%~30%，如图8-3所示。

图8-3

4.选择喷枪

按照产品要求及所使用的喷枪特性，选择合适的水性底色漆喷枪。一般来说，水性漆使用口径为1.2~1.3 mm的面漆喷枪喷涂。为了利于环保及节约油漆，建议使用HVLP高流量低气压环保喷枪，按照产品要求及所使用的喷枪特性正确调配喷枪。一般喷枪气压（枪尾气压）的设置见表8-1。

表8-1

喷　枪	枪尾气压
传统喷枪	第一道（第二道）遮盖层300~400 kPa 最后一道雾喷层200 kPa
低流量中期气压喷枪	第一道（第二道）遮盖层150~200 kPa 最后一道雾喷层120~150 kPa
高流量低气压喷枪	第一道（第二道）遮盖层120~150 kPa 最后一道雾喷层100~120 kPa

如果需要局部修补水性底色漆，需按照小修补的方法调整喷枪，HVLP喷枪喷涂气压缩小至120 kPa左右，出漆量及喷涂气压都相应缩小。具体设定参数需参照涂料和喷枪厂商的产品相关使用资料。

5.喷涂要点

纯色水性底色漆遮蔽力较好，通常喷涂一个双层即可。对银粉或珍珠水性底色漆，先喷涂一个双层，再喷涂一个雾喷层。对颜色遮盖力相对较弱的银粉或珍珠色漆，需喷两个双层后，再雾喷一层。每喷涂一个双层后，都需要使用便捷式吹风筒以约45°斜吹工件表面（见图8-4），将水性底色漆吹干至亚光状态即可。在车间安装一个温度湿度计（见图8-5），可根据当时温度、湿度情况判断水性漆吹干所需的时间，通常2~3 min即可吹干。水性漆在温度25 ℃、相对湿度小于70%的情况下干燥速度最快。

图8-4   图8-5

底色漆缺陷的修补方法是：喷涂底色漆吹干后，如发现尘点，可用P1000号的海绵砂纸或精棉砂纸打磨；打磨好后，在打磨区再补喷一层水性底色漆。

任务实施

一、操作前的准备

工具准备见表8-2。

表8-2

序号	工具和设备名称	图 片	型号或说明	数量
1	吹枪		—	1把
2	喷枪清洗液		—	1套
3	除油布		—	若干
4	防静电工作服		—	1套

序号	工具和设备名称	图　片	型号或说明	数量
5	耐溶剂喷壶	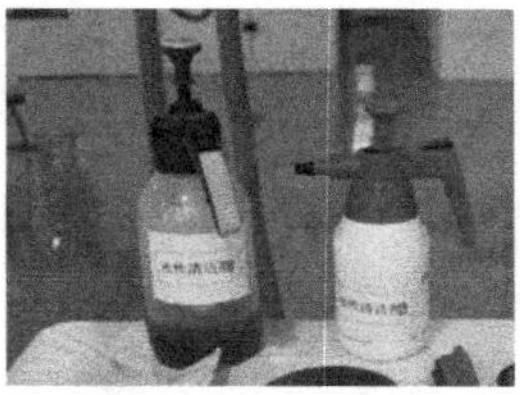	油、水	两个
6	乳胶手套	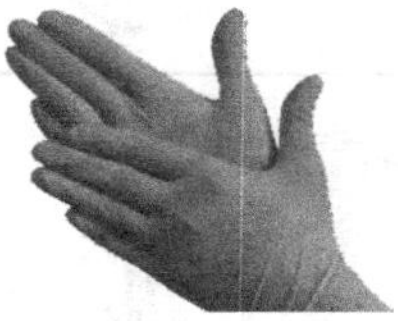	—	若干
7	安全防护眼镜		—	若干
8	活性炭防毒面罩		—	1个
9	面漆喷枪		—	1把
10	水性漆喷枪	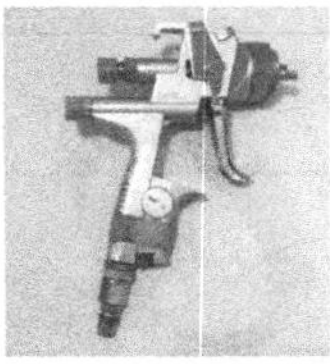	—	1把
11	装稀释剂的容器	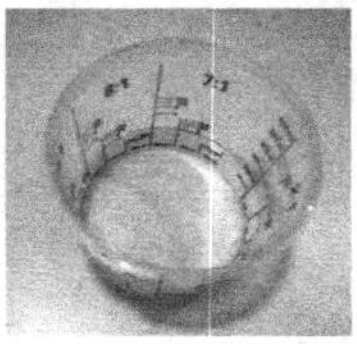	—	1个
12	垃圾桶		—	1个

续表

序号	工具和设备名称	图　片	型号或说明	数量
13	调漆工作台		—	1个
14	喷涂架		—	1个
15	调漆尺	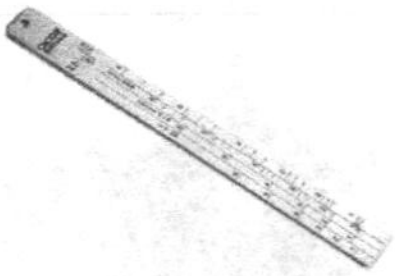	—	若干
16	电子秤		—	1台
17	免洗枪壶	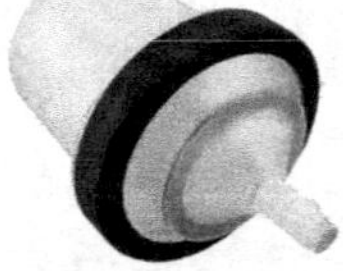	—	若干
18	试枪纸		—	1叠
19	粘尘布		—	若干

续表

序 号	工具和设备名称	图 片	型号或说明	数 量
20	整套水性色母		—	1套
21	便捷式吹风筒		—	1个

工具的摆放如图8-6所示。

图8-6

二、操作过程

1.调配底色漆

①按技术标准与要求，正确穿戴好乳胶手套、活性炭防毒面罩、安全防护眼镜、工作帽、安全鞋及防静电工作服等防护用品，如图8-7所示。

②取出适量已调配好的水性漆，根据特性添加15%~20%的水性稀释剂，并用调漆尺均匀搅拌，如图8-8所示。

图8-7   图8-8

③由于在喷壶盖上安装的是水性漆专用尼龙过滤网，因此，可直接安装好免洗枪壶，并迅速装到水性漆枪上，如图8-9所示。

2.水性底色漆的喷涂

①将粘尘布充分展开，对已用水性清洁剂和溶剂型清洁剂的板件进行粘尘，如图8-10所示。

图8-9   图8-10

②根据HVLP高流量低气压环保型喷枪的特点，调整好喷枪的出漆量、喷幅和气压，如图8-11所示。

注意事项：

将喷枪漆量调节旋钮向逆时针方向旋转两圈，并将其喷幅调节旋钮向逆时针方向全开后，回收小半圈。

手半握喷枪扳机，并迅速调节好喷枪的气压，一般为1.2~1.5 MPa。

③将风帽调整至与地面平行位置，然后进行试枪，并测试喷枪是否调整合适，如图8-12所示。

图8-11   图8-12

④喷涂第一道底色漆，首先喷板件的边缘，然后喷涂整面，如图8-13所示。

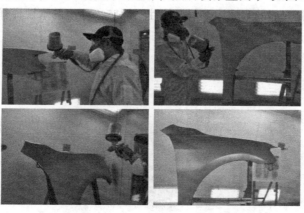

图8-13

⑤喷涂完毕后，用便捷式吹风枪对工件以约45°倾斜吹干至亚光状态即可，如图8-14所示。

注意事项：

　　一般水性漆在温度25 ℃、相对湿度小于70%的情况下干燥速度最快；根据温度湿度计来判断水性漆吹干所需的时间，一般为2~3 min。

图8-14

⑥吹干工件后，喷涂第二道遮盖涂层，如图8-15所示。

图8-15

注意事项：

　　这一道底色漆需完全遮盖底材原色。

　　在喷涂前，应先试枪，将枪中遗留的废漆去除。

⑦喷涂完毕后，用便捷式吹风枪对工件以约45°倾斜吹干至亚光状态即可，如图8-16所示。

图8-16

⑧两道遮盖层喷涂完毕并干燥后，雾喷最后一道效果层，如图8-17所示。

注意事项：

　　将喷枪漆量调节旋钮向逆时针方向旋转一圈，喷幅调节旋钮向逆时针方向全开，气压调节为1.0~1.2 MPa即可。

　　枪速略比之前慢，使其颗粒排列均匀。

3.清漆调配

①根据提供的清漆产品型号，查阅产品的使用手册，如图8-18所示。

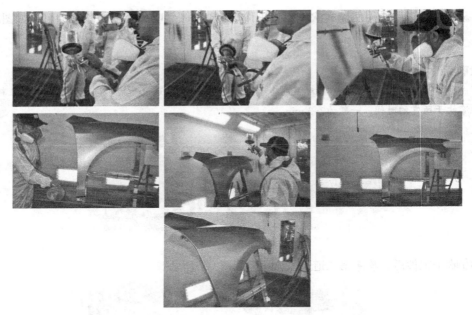

图8-17

图8-18

②根据所需喷涂的面积，按产品使用手册，按免洗喷壶的刻度线，调配一定比例的清漆，并搅拌均匀，如图8-19所示。

注意事项：

> 在添加过程中，必须按产品使用手册进行添加。
> 配比为体积比，如需质量比，则要根据油漆厂商的要求进行。
> 在搅拌添加稀释剂和固化剂的清漆后，应将调漆尺擦拭干净。
> 清漆、稀释剂和固化剂不得使用不同品牌的涂料。

图8-19

③将免洗枪壶的盖子盖上并迅速拧紧，一手持枪、一手固定免洗枪壶，将其对准后拧紧到位，如图8-20所示。

图8-20

4.清漆的喷涂

①调整好喷枪出漆量、喷幅和气压，如图8-21所示。

注意事项：

　　将喷枪漆量调节旋钮向逆时针方向旋转两圈，并将其喷幅调节旋钮向逆时针方向全开后，回收小半圈。

　　手半握喷枪扳机，并迅速调节好喷枪的气压，一般为1.8~2.0 MPa。

　　因喷涂清漆有机溶剂挥发性大，故建议使用供气面罩喷涂，能有效保护喷漆工作人员。

图8-21

②将风帽调整至与地面平行位置，然后进行试枪，测试喷枪是否调整至雾化状态，并查看涂料的黏度，如图8-22所示。

图8-22

③采用1/2重叠中湿喷涂方法喷涂第一道清漆，如图8-23所示。

图8-23

注意事项:

> 首先喷板件的边缘，然后喷涂整面。
> 喷涂时，应尽量与板件保持垂直，并根据板件的弧形进行调节。

④闪干5~10 min，在工件边缘进行指触测试。所喷涂清漆可指触时，再采用3/4重叠全湿喷涂方法喷涂第二道清漆，如图8-24所示。

注意事项:

> 两层之间的闪干时间非常重要，若连续喷涂过厚，会导致溶剂挥发时产生溶剂泡、针孔和失光等缺陷。

图8-24

5.清洁与整理

整个流程操作完毕后，应及时整理气管，然后清理工具和清洗喷枪，并将工具及时归

注意事项:

> 喷涂水性漆时，应在上层漆干燥后再喷涂下一层。
> 喷涂清漆时，要注意清漆的饱满度，不能出现流挂现象。

图8-25

还到原位，如图8-25所示。

思考与练习

一、选择题

1.决定金属漆闪光面漆色调的是第（　　）道喷涂。

　　A.一　　　　　　　　B.二　　　　　　　　C.三　　　　　　　　D.四

2.在金属面漆层表面喷涂清漆时，最好在（　　）进行。

　　A.喷完色漆后

　　B.喷完色漆并自然干燥15min后

C.喷完色漆并强制干燥15min后

D.喷完色漆并自然干燥至完全干透

3.为了消除喷涂金属漆时产生鱼眼，可在涂料中加入（　　　）再喷涂。

A.清漆　　　　　　B.稀释剂　　　　　　C.平光剂　　　　　　D.流平剂

二、判断题

1.稀释剂应根据季节的不同，选用不同的挥发性。　　　　　　　　　　（　　　）

2.涂料中，加入的固化剂量越多，则涂膜干燥速度越快。　　　　　　　（　　　）

3.每一次喷涂后，不用及时清洗喷枪和清理工位。　　　　　　　　　　（　　　）

三、简答题

简述水性漆的喷涂工艺。

任务评价

考核评分表

（满分100分）　　　　　　　　完成时间：

考核时间/min	序号	项　目	配分	评分标准	得分
60	1	调配底色漆	15	①未穿戴防护用品或穿戴不正确，扣1~3分 ②一次性喷壶防漏塞未盖紧，扣2分 ③底色漆与稀释剂调配比例不正确，扣4分 ④底色漆与稀释剂搅拌不匀，扣2分 ⑤调配完毕物品未复位，扣2分 ⑥喷枪与喷壶安装方法不正确，扣2分	
	2	喷涂底色漆	25	①未穿戴防护用品或穿戴不正确，扣1~3分，每件扣1分，扣完为止 ②喷涂前未粘尘，扣2分 ③喷枪出漆量调整不当，扣2分 ④喷枪喷幅调整不当，扣2分 ⑤喷枪气压调整不当，扣2分 ⑥未进行试枪，扣2分 ⑦试枪方法不正确，扣2分 ⑧第一道底色漆喷涂不合理，扣3分 ⑨未留有充分的闪干时间，扣1分 ⑩第二道底色漆喷涂不合理，扣3分 ⑪第三道喷涂不合理，扣3分	

续表

考核时间/min	序号	项　目	配分	评分标准	得分
60	3	调配清漆	15	①未穿戴防护用品或穿戴不正确，扣1~3分，每件扣1分，扣完为止 ②一次性喷壶防漏塞未盖紧，扣3分 ③清漆与固化剂稀释剂比例不正确，扣3分 ④清漆未充分搅匀，扣2分 ⑤调配完毕物品未复位，扣2分 ⑥喷枪与喷壶安装方法不正确，扣2分	
	4	喷涂清漆	25	①未穿戴防护用品或穿戴不正确，扣1~3分，每件扣1分，扣完为止 ②喷枪出漆量调整不当，扣2分 ③喷枪喷幅调整不当，扣2分 ④喷枪气压调整不当，扣2分 ⑤未进行试枪，扣2分 ⑥试枪方法不正确，扣2分 ⑦第一道清漆喷涂不合理，扣4分 ⑧未留有充分的闪干时间，扣4分 ⑨第二道清漆喷涂不合理，扣4分	
	5	面漆效果	20	①底漆发花、起云，扣5分 ②底色漆露底，扣5分 ③清漆流挂，扣5分 ④清漆橘纹过重，扣5分	
合　计			100		

礼仪是人类在社会交往中逐渐形成的行为规范与准则,也是一种文化。对个人来说,礼仪是一个人的文化修养、道德水平、文明素质的外在表现;对社会来说,礼仪是一个国家和地区文明程度、社会风尚和生活习俗的反映。我国是文明古国,在五千多年的历史发展中,不仅形成了完整的礼仪思想和规范,而且把礼仪也运用和体现在了社会活动的各个层面。

职场礼仪是现代礼仪的重要组成部分。在现代社会中,人们不仅重礼仪、守礼法、讲礼信,而且在不同的场合、不同的身份所遵循的礼仪规范也是不一样的。在初次见面、职场交际、职场办公等较为正式的场合,更需要讲究礼仪。唯有如此,才能于内提升个人素质,于外塑造组织形象,增进人际交往,优化人际关系。

本书为重庆市石柱县职业教育中心示范校建设成果,针对中职学生的特点,以"任务驱动式"为主线安排教学内容,用图文并茂的方式引导学生学习,结构新颖、内容翔实、案例生动、贴近生活。每个模块有明确的三维学习目标,以"案例探讨"引入课程内容,通过"同步案例""想一想""练一练"等板块提升学生的学习兴趣,加深理解和掌握,充分体现了实用性和可操作性。在教材编写中,力求严谨,注重了与时俱进和教材结构的创新。

本书由陈美英进行总体设计和组织编写,具体分工如下:陈美英(模块一,模块四的任务三、任务四,模块六),毛海蓉(模块二),陈柯屹(模块三的任务一、任务二、任务三),冉卫红(模块三的任务四、任务五、任务六),雷小莉(模块四的任务一、任务二),钱亚梅(模块五的任务一、任务二),沈伟(模块五的任务三、任务四)。

本书在编写过程中参考了很多其他学者的观点和成果,在此向这些著作和文章的原创者们致敬!由于编者水平有限,加之时间仓促,书中难免出现疏漏之处,恳请专家和广大读者批评指正!

编　者
2018 年 9 月

目　录

模块一　职场礼仪概述

中国自古以来就是文明之邦、礼仪之邦,礼仪是我们中华民族世代承袭的传统。古人云:"不学礼,无以立。"儒家代表孔子教导弟子:"非礼勿视,非礼勿听,非礼勿言,非礼勿动。"荀子指出:"礼者,养也。"人们常说:"来而不往非礼也!"所以,礼仪是人类文明的产物,是一个国家和民族文明程度的重要标志,是人们进行社会交往的行为规范与准则。

通过本模块的学习,你将能够:

◆知识目标:了解礼仪的基本内容及起源发展,认识礼仪含义、特征、原则,理解职场礼仪的深刻内涵及作用。

◆情感目标:初步形成正确的礼仪观,注重礼仪在社交活动和职场中的功能,养成良好的文明礼貌习惯,自觉遵守职场的礼仪规范。

◆技能目标:制订不同类型的仪式,在生活和学习中开展懂礼貌,讲礼仪活动。

任务一　礼仪的含义和特征

【案例探讨】

张良拜师

张良(？—前186年),是汉高祖刘邦的军师。他的祖先是韩国人,在秦灭韩后,张良立志为韩国报仇。有一次,张良因刺杀秦始皇未遂,受到追捕而避居到下邳。张良在下邳闲暇无事。有一天他到下邳桥上散步,碰到一个老人,穿着粗布短衣,老人走到张良旁边,故意把自己的鞋子扔到桥下。然后回过头来冲着张良说:"孩子!下桥去给我把鞋子拾上来!"张良听了一愣,很想打他,但一看他是个老人,就强忍着怒气,到桥下把鞋拾了

上来。那老人竟又命令说："把鞋子给我穿上！"张良一想，既然已经给他拾来了鞋子，不如就给他穿上吧，于是就跪在地上给他穿鞋。那老人把脚伸着，让张良给他穿好后，就笑嘻嘻地走了。张良一直用惊奇的目光注视着他的去向。那老人走了大概一里路，又转回身来，对张良说："你这个孩子是能培养成才的。5 天以后的早上，天一亮，就到这里来同我会面！"张良跪下来说："是。"第五天天刚亮，张良就到了下邳桥上。不料那老人已经等在那里了，见了张良就生气地说："和老人约会，怎么迟到了？以后的第五天早上再来相会！"说完就离去了。到第五天早上，鸡一叫，张良就赶去，可是那老人又等在那里了，见了张良又生气地说："怎么又掉在我后面了？五天后再早点来！"说完又走了。到第五天，张良没到半夜就赶到桥上，等了好久，那老人也来了，他高兴地说："这样才好。"然后他拿出一本书来，指着说道："认真研读这本书，就能做帝王的老师了！再过十年，天下形势有变，你就会发迹了。以后 13 年，你就会在济北郡谷城山下看到我——那儿有块黄石就是我了。"老人说完就走了。等到天亮时，张良拿出那本书来一看，原来是《太公兵法》（辅佐周武王伐纣的姜太公的兵书）！张良十分珍爱它，经常熟读，反复地学习、研究。

10 年过去了，陈胜等人起兵反秦，张良也聚集了 100 多人响应。沛公刘邦率领了几千人马，在下邳的西面攻占了一些地方，张良就归附于他，成为他的部属。从此张良根据《太公兵法》经常向沛公献计献策，沛公认为很好，常常采用他的计谋，后来成了刘邦运筹帷幄、决胜千里的军师。刘邦称帝后，封他为留侯。张良始终不忘那个给他《太公兵法》的老人。

13 年后，他随从刘邦经过济北时，果然在谷城山下看见有块黄石，并把它取回，称之为"黄石公"，作为珍宝供奉起来，按时祭祀。张良死后，家属把这块黄石和他葬在了一起。

讨论：

1.这是一个动人的传说，张良拜师，第三次才见到老师，如果是你，你会去第三次吗？为什么？

2.在现代的人际交往中，我们又要注意哪些礼节呢？

一、礼仪的含义

在我国，礼仪是一个复合词，"礼"和"仪"是两个不同的概念。"礼"是表示敬意的通称，包括敬意、仪式和某种社会道德和规范。其基本要求就是以尊重他人、尊重自己来协调人际交往。"仪"有五个方面的含义：①法度标准；②典范、表率；③容貌风度；④形式、仪式；⑤礼物。"仪"是"礼"的具体表现形式，即具有可操作性质的"礼"的规范化做法。在人类文明发展的历史长河中，礼仪是有形的，它存在于社会的一切交往活动中，其形式受物质发展水平、历史传统、民族风俗等众多因素的影响。发展到今天，语言、行为表情、服饰器物构成了礼仪的基本三要素。因此，礼的核心是礼貌，礼的形式是礼节，礼的规范是礼仪。

综上所述，礼仪是指人们在社会交往中由于受历史传统、风俗习惯、宗教信仰、时代潮流等因素的影响而形成的，既为人们所认同又为人们所遵守，以建立和谐关系为目的

的各种行为准则或规范的总和。简言之,礼仪即一系列律己、敬人的规范化的具体表现形式。

二、礼仪的特征

(一)规范性

礼仪既有内在的道德准则,又有外在的行为尺度,对人们的言行举止和社会交往具有普遍的规范、约束作用。遵循礼仪规范,就会得到社会的认可和嘉许;违反礼仪规范,就会处处碰壁并招致反感、受到批评。正所谓有"礼"走遍天下,无"礼"寸步难行。

(二)操作性

礼仪规范以人为本,重在实践,人人可学,习之易行,行之有效。它不是纸上谈兵、空洞无物、不着边际、故弄玄虚、夸夸其谈,而是既有总体上的礼仪原则、礼仪规范,又在具体的细节上以一系列的方式、方法,仔细周详地对礼仪原则、礼仪规范加以贯彻,把它们落到实处,使之"言之有物""行之有礼",不尚空谈。礼仪的易记易行,能够为其广觅知音,使其被人们广泛地运用于交际实践,并受到广大公众的认可,而且反过来,又进一步地促使礼仪以简便易行、容易操作为第一要旨。

(三)差异性

礼仪作为一种约定俗成的行为规范,不同国家、不同地区,由于民族特点、文化传统、宗教信仰、生活习惯不同,往往有着不同的礼仪规范。"十里不同风,百里不同俗"讲的就是这个道理。礼仪的运用会受到时间、地点和环境的约束;同一礼仪因时间、地点或对象的变化会有所不同。首先,礼仪的差异性表现为民族差异性,不同民族的礼仪多姿多彩,各具特色。各民族的习俗礼仪都凝结着本民族、本地区人民的文化情结;人们严格遵循,苦心维护,一般难以改变。其次,礼仪的差异性表现为个体和个性差异。每个人因其性别、地位、年龄、受教育程度的不同,在使用同样的礼仪时会表现出不同的形式和特点。再次,礼仪的差异性还表现为时代变异性。礼仪随着社会的不断进步而不断发展、丰富和完善;礼仪总是体现着时代要求和时代精神,因而会随着时代发展而产生差异。这就需要我们尊重差异,不可唯我独尊,我行我素。

(四)传承性

任何国家的礼仪都具有自己鲜明的民族特色,任何国家的当代礼仪都是在本国古代礼仪的基础上继承、发展起来的。离开了对本国、本民族既往礼仪成果的传承、扬弃,就不可能形成当代礼仪,这就是礼仪传承性的特定含义。作为一种人类文明的积累,礼仪将人们在交际应酬之中的习惯做法固定下来,流传下去,并逐渐形成自己的民族特色。这不是一种短暂的社会现象,而且不会因为社会制度的更替而消失。对于既往的礼仪规范,正确的态度不应当是食古不化,全盘沿用,而是有扬弃,有继承,更有发展。

(五)发展性

礼仪一旦形成,则具有世代相传、共同实践的特点,但是礼仪并非一成不变,而是随着时代发展变化而吐故纳新,随着内外交往日益频繁而互相借鉴吸收。社会的发展,历

史的进步,引起了众多社交活动新特点、新问题的出现,又要求礼仪有所变化,有所进步,推陈出新,与时代同步,以适应新形势下新的要求。与此同时,随着世界经济的国际化倾向日益明显,各个国家、各个地区、各个民族之间的交往日益密切,他们的礼仪随之也不断地相互影响,相互渗透,相互取长补短,不断地被赋予新的内容。了解了这一点,人们就不会把它看作一成不变的东西,而是能够更好地以发展、变化的眼光去看待它;也不会对礼仪搞"教条主义",使之一成不变,脱离生活,脱离时代。

(六)自律性

礼仪是社会生活中约定俗成的习惯和规则,对人们的各种行为规范都有着广泛的约束力,但这种约束力不是强制性的。礼仪不像法律那样威严,也不像道德那样肃然,礼仪的实施无须别人的督促和监督,有人冒犯了礼仪规范,也不会受到法律的制裁。因此,礼仪的实施,主要是依靠人们自觉地利用礼仪规范来约束自己的行为,这就是礼仪的自律性。礼仪的这一特点,要求人们在实施礼仪的过程中,树立起一种内心的道德信念和行为修养准则,不断提高自我约束、自我克制的能力,在人际交往中自觉地遵守礼仪规范。但自律性并不是说礼仪是可以随意冒犯的,不注意礼仪的人在社会生活中会处处碰壁,孤独、尴尬、失意总是难以摆脱,而自觉地注重礼仪的人,与人交往就会一帆风顺,处处受人尊重。

【思考与练习】

古代人和现代人在衣、食、住、行方面的礼仪有什么不同?

_____

_____

_____

_____

任务二 职场礼仪的含义、原则及作用

【案例探讨】

"女士优先"应如何体现?

在一个秋高气爽的日子里,迎宾员小贺身着一身剪裁得体的新制衣,第一次独立地走上了迎宾员的岗位。一辆白色高级轿车向饭店驶来,司机熟练而准确地将车停靠在饭店豪华大转门旁边的避雨棚下。小贺目视客人,礼貌亲切地致以问候。小贺看到后排坐着两位男士,前排副驾驶座上坐着一位身材较高的外国女宾。小贺一步上前,以优雅的

姿态和职业性动作,先为后排客人打开车门,并做好护顶关好车门后,小贺迅速走向前门,准备以同样的礼仪迎接那位女宾下车,但那位女宾满脸不悦,使小贺不知所措。

（资料来源：陈刚平,周晓梅.旅游社交礼仪[M].北京:旅游教育出版社,2000.）

讨论:通常后排座为上座,一般凡有身份者皆在此就座。优先为重要客人提供服务是饭店服务程序的常规,这位女宾为什么不悦? 小贺错在哪里?

分析:在西方国家流行着这样一句俗语:"女士优先。"在社交场合或公共场所,男子应经常为女士着想,照顾、帮助女士。例如,人们在上车时,总要让妇女先行;下车时,则要为妇女先打开车门;进出车门时,应主动帮助她们开门、关门等。西方人有一种形象的说法:"除女士的小手提包外,男士可帮助女士做任何事情。"迎宾员小贺未能按照国际上通行的做法先打开女宾的车门,致使那位外国女宾不悦。对于身在职场的人来说,又要注意些什么呢?

一、职场礼仪的含义

职场礼仪是指各行业的人们在职业场所中应当遵循的一系列礼仪规范。它主要运用于初次交往、公务往来、涉外交往等较为正式的场合。学会这些礼仪规范,将使一个人的职业形象大为提升。职业形象包括内在形象和外在形象两种。每一位职场人都需要树立、塑造并维护自身的职业形象。其包含三个方面的含义:

①从个人角度讲,职场礼仪是一个人的内在修养和素质对外的一种表现形式。

②从交际的角度讲,职场礼仪又是职场人在人际交往中的一门艺术,是一种尊重、友好的行为模式。

③从传播的角度讲,职场礼仪又是职场人在人际交往中相互沟通的一种技巧。

二、职场礼仪的原则

职场礼仪内容丰富多样,但它有自身的规律性和原则,基本的职场礼仪原则有:

(一)敬人的原则

在职场交往过程中要重视、尊敬对方。尊重上级是一种天职,尊重同事是一种本分,尊重下级是一种美德,尊重客户是一种常识,尊重所有人是一种教养。

(二)自律的原则

自律的原则是指在职场交往过程中要克己、慎重、积极主动、自觉自愿、礼貌待人、表里如一、自我对照、自我反省、自我要求、自我检点、自我约束,不能妄自尊大、口是心非。

(三)适度的原则

适度的原则是指适度得体,掌握分寸。在一些细小问题上过分讲究,会让自己和工作伙伴觉得不安,甚至造成困扰。例如,日本人最喜欢用鞠躬礼,可如果每说一句话就鞠一次躬,就太过了! 因为客户不断回礼就会显得尴尬了。

(四)真诚的原则

真诚的原则要求人们在交往过程中发自内心地尊重他人,诚心诚意地对待他人,并

与实际行动相一致。运用礼仪时,务必言行一致、表里如一。

【同步案例】

一口痰"吐掉"一项合作

某食品厂与一外商洽谈合作事宜,第二天就要签合同了。上午该厂厂长在陪同外商参观生产车间时,穿着休闲服和运动鞋。就在大家快要离开车间时,厂长突然向墙角吐了一口痰,然后用脚擦了擦。这一幕让外商看在眼里,内心十分难受,彻夜难眠,第二天外商没有签合同就离开了。他给厂长留了一封信,其中写道:"一个厂长的卫生习惯可以反映该厂的管理水平,况且我们今后生产的是食品,必须有百分之百的卫生安全保障,我无法信任有这样一个卫生习惯的人管理的工厂能保证卫生安全。"

讨论:从职场礼仪修养方面来讲,该厂的厂长有什么不足?你会给厂长哪些重塑自我的建议呢?

分析提示:从自律原则和尊重他人的原则等方面来讨论。

三、职场礼仪的作用

(一)职场礼仪是职场沟通的纽带

在日常生活中,礼仪是人际关系的调节器,职场礼仪同样也起着这样的作用。人们在人际交往时按礼仪规范去做,有助于彼此相互尊重,也有助于相互友好关系的建立,可以避免或者缓和不必要的冲突和矛盾。职场礼仪又分为多种礼仪,有办公室礼仪、电话礼仪、沟通礼仪、接待访客礼仪、社交礼仪等。

(二)职场礼仪是个人和企业的敲门砖

现在大多数的企业在招聘人才时是需要面试的,在面试的过程中,就要学会运用职场礼仪。也许你没有介绍信,但是职场礼仪体现在多方面,如提高语言表达技巧,掌握运用语言的艺术,同时注重衣着服饰和自己的动作、姿态等。给招聘者留下良好的第一印象,企业才会给你提供一个合适的工作岗位。所以注重职场礼仪会在无形中给你带来机会,学会职场礼仪会让你看上去更专业。

(三)职场礼仪展现个人魅力

职场礼仪不仅可以有效地展现一个人的教养、风度、气质和魅力,还能体现一个人对社会的认知水平,个人的学识、修养和价值。运用恰当的职场礼仪,能在复杂的人际关系中保持冷静;注重职场礼仪中的一些细节,会得到领导的更多信任,使人际间的感情得以沟通,在同事间建立起相互尊重、相互信任、友好合作的关系,从而使自己的事业得到进一步发展,在职场中如鱼得水。

【思考与练习】

如何面试?

_____

_____

_____

_____

小提示:在面试的过程中,要学会运用职场礼仪。也许你没有介绍信,但是你可以通过一些职场礼仪为自己树立良好的职业形象,如轻轻地关上门、端正的坐姿、大方自然的解答,都会把自己很好的一面展示给面试官。

模块二 职场形象礼仪

职场形象礼仪主要包括职场人员仪容、仪表和仪态三个方面的塑造,如图2.1所示。职场人员加强对个人仪容、仪表、仪态等方面礼仪知识和规范的学习与掌握,对从事职场活动具有重要的作用。

图2.1

①职场形象礼仪是职场交往顺利进行的重要前提。在职场活动中,良好的形象是一张没有文字却形象生动的名片。整洁的衣冠给人以舒服的感觉,得体的言行举止则是职场交往进一步发展的重要保障。

②职场形象礼仪是个人涵养的外在表现。职场人员通过个体的生活规范与为人处世的方式,以及个人仪表、言谈举止、待人接物等方面的具体活动,所展现的不仅仅是眼睛可以看到的外貌,更重要的是精神风貌,是个人道德品质、文化素养、教养良知等精神内涵的外在表现。

③职场形象礼仪不仅体现了职场人员的个人礼仪修养,更体现了其所在企业的形象。职场人员的个人修养往往在不经意的举手投足间表现出来。

通过本模块的学习,你将能够:

◆ **知识目标:**学习和把握职场人员仪容、仪表、仪态等对个人形象提升的作用及相关概念。能用其指导"职场人员职业形象塑造"中的相关知识活动。

◆ **情感目标:**注重个人形象,提升职场自信心。

◆ **技能目标:**在了解和把握本实训相关技能点"规范与标准"的基础上,能够根据自身的特点去展现出自己最具魅力的职业形象。

任务一　职场人员的仪容

【案例探讨】

某公司招聘文秘人员,由于待遇优厚,应者如云。中文系毕业的阿梅前往面试,她的背景材料可能是最棒的。大学四年中,她在各类刊物上发表了 3 万字的作品,内容有小说、诗歌、散文、评论等,还为几家公司策划过周年庆典,语言表达能力极强。阿梅五官端正,身材高挑而匀称。面试时,招聘者拿着她的材料等她进来。阿梅穿着迷你裙,露出藕段似的大腿,上身是露脐装,涂着鲜红的唇膏,轻盈地走到一位面试官面前坐下,笑眯眯地等着问话。谁料,四名招聘者相互交换了一下眼色,主面试官说:"阿梅小姐,请下去等通知吧。"阿梅喜形于色地说道:"好",于是拿起小包飞快地跑出了房门。

讨论:阿梅的应聘会成功吗?

仪容是由面容、发式以及身体所有未被服饰遮掩的肌肤所构成的,是个人形象的基本内容。

仪容在个人整体形象中居于显著地位,是个人礼仪的重要组成部分。个人仪容受两方面因素的影响:一是个人的先天条件,自然形成,如五官、肤色、身体各部位的比例等;二是后天的修饰、保养和装饰。个人容貌是父母给予的,相对定型,但通过修饰、保养和装饰可以焕然一新,这就需要懂得一些美容常识,充分发挥自己的优势,以弥补自身的缺陷和不足。

一、仪容的基本要求与原则

(一)仪容的基本要求

仪容美是职场人员个人仪容的首要要求,仪容美主要表现为以下三个层面:

1. **保持仪容的自然美**

先天美好的仪容,无疑令人赏心悦目,感觉愉快。研究表明,一个人心理健康,为人

豁达,性格直爽,胸襟开阔,就能使容颜在相当长时期内保持一种年轻的活力美。因此,职场人员在仪容美方面要提倡科学的保养、积极的美容。

2. 做好仪容的修饰美

仪容修饰是人体装饰艺术的重要组成部分,也是礼仪交往中不可缺少的物质条件。仪容的修饰美是指按照规范与个人条件,对仪容进行必要的修饰,使之洁净、自然,扬长避短,从而塑造出美好的个人形象。在人际交往中尽量使自己显得是有备而来,自尊自爱的。

3. 培养仪容的内在美

努力学习,不断提高个人的文化艺术素养和思想道德水平,培养自己高雅的气质与美好的心灵,使自己秀外慧中、表里如一。

只有做到上述三个方面的高度统一,才能实现真正的仪容美。这三者之间,仪容的自然美是人们的心愿,仪容的修饰美是仪容礼仪所关注的重点,而仪容的内在美则是最高境界。

(二)仪容修饰的原则

1. 仪容应整洁

职场人员要保持整齐、洁净、清爽,要做到勤洗澡、勤换衣、勤洗脸,脖颈、手都要保持干净,身体无异味,并经常注意去除眼角、口鼻的分泌物。职场男士要定期修面,注意不蓄胡须、鼻毛不外露。

2. 仪容应卫生

注意口腔卫生,早晚刷牙,饭后漱口,牙齿洁白,口无异味。职场人员在重要应酬之前忌食蒜、葱、韭菜、腐乳等让口腔发出刺鼻气味的食物。

3. 仪容应端庄

仪容既要修饰,又要保持简练、庄重、大方,给人以美感,赢得他人的信任。一般而言,职场女士应注意不留长指甲,不用醒目甲彩。

二、发型塑造

整洁的仪容最基本的形象是拥有整洁干净、发型得体的头发。在今天,头发的功能不仅仅是表现个人的性别,更多的是意味着一个人的道德修养、审美水平及行为规范。人们可以通过一个人的发式推断出其职业、身份、受教育程度、生活状况及卫生习惯等,也可感受其对生活、工作的态度。因此,职场人员必须注意根据自己的形体、气质选择适当的发型,充分展示自己的风采。

(一)发型的选择

职场形象礼仪发型的样式很多,在选择时要根据自然大方、整洁、美观的原则,既要观察发型的流行趋势,又要考虑到自己的年龄、性别、职业、脸型等特点。

1. 发型与脸型要协调

发型对人的容貌有极强的修饰作用。关键是要根据自己的脸型选择发型。例如,圆

脸宜把头顶部头发梳高,两侧头发适当遮住两颊;长脸宜选择用刘海儿遮住额头,加大两侧头发的厚度,以使脸部丰满。

2. 发型与体型协调

发型的选择还要注意与体型相协调。例如,脖颈粗短的人,宜选择运动型的发型;脖颈细长的人,宜选择齐颈搭肩、舒展的发型;体型瘦高的人,宜留长发。

3. 发型与年龄相协调

发型是一个人文化修养、社会地位、精神状态的集中反映。通常年长者最适宜的发型是大花型短发或盘发,而年轻人适合那些活泼、简单、富有青春活力的发型。

4. 发型与服饰相协调

为体现服饰的整体美,发型必须根据服饰变化而变化。例如,穿着礼服或制服时,女性可选择盘发或短发,以显得端庄秀丽、文雅;穿着便装时,可选择适合自己脸型的轻盈发型。

5. 发型与工作环境相协调

礼仪小姐的发型设计应新颖、大方,职业女性的发型设计应文雅、端庄。

(二)头发的护理

发型选定后,头发还要加强日常护理。一要注意经常清洗头发;二要经常修剪头发;三要经常梳头以促进头部的血液循环;四要在烫发、染发时,把握好分寸,否则会损害头发,影响自己的形象。

总之,要保持自己美好的形象,应从头开始,做到正确护发、适当染发、慎重烫发。

三、护肤化妆

护肤化妆主要指面部美容。护肤化妆对于良好的整体形象有画龙点睛的作用,因为它突出地表现了人体最富有感情的部分。护肤化妆可以使人焕发青春的光彩,在工作和学习中精力充沛,在职场礼仪活动中更加具有魅力。

(一)护肤

护肤是美容的基础,做好化妆是美容的先行条件。重视皮肤的护理,才能更好地发挥仪容化妆的改善作用。护肤首先要选择正确的肌肤保养品,在护理中要选择对皮肤刺激性小的卸妆用品。

(二)化妆

职场人员在化妆时应注意淡雅、简洁、适度、庄重、避短,做到"妆而不露,化而不觉"。

1. 化妆要点

化妆要点主要包括以下几点:

①考虑自己的肤色,脸宽者,描眉、画眼、涂口红、抹腮红要注意尽量集中在中间,以收拢缩小面部;脸窄者,可适当放宽。

②涂胭脂时,颜色要考虑时间和脸型特征。一般情况下,白天宜用玫瑰红或粉红,晚上宜用朱红。长脸宜左右涂,宽脸宜上下涂,瓜子脸则以面颊中偏上处为重点,然后向四周散开。

③涂口红时,口红的颜色一般以接近嘴唇的颜色为宜,如淡紫红色,既真实又鲜明,还能增加活力和美感。

2. 化妆禁忌

化妆禁忌主要包括以下几点:

①忌离奇出众。化妆离奇出众,是指化妆时有意脱离自己的角色定位,追求荒诞怪异、神秘的妆容,或有意使自己的妆容出格。

②忌残妆示人。残妆,是指在出汗以后、用餐以后、休息以后,妆容出现的残缺现象。在众人面前,以残妆示人,既有损自身形象,也显得对人不礼貌。因此,要注意及时地进行检查和补妆。

③忌当众化妆。如发现妆面残缺,要即刻补妆。补妆时,应该回避他人,宜在洗手间或选择无人在场的一角进行,注意不能当众补妆。

【小贴士】

男士头发三不过:①发不过眼;②发不过耳;③发不过领。

女士化妆禁忌:①忌浓妆艳抹;②忌血盆大口;③忌熊猫眼。

任务二　职场人员的仪表

【案例探讨】

日本松下公司的创始人松下幸之助,创业之初不太注重自己的形象,显得很邋遢。一次,一位理发师对他说:"您是公司的代表,却这样不修边幅,别人会怎么想?别人会想,连公司的领导人都这么邋遢,他公司的产品还会好?"松下听到这话,感觉很有道理。从此,他很注重自己的仪表,连理发都要专程坐车到东京一家有名的理发店,随之自己公司的生意也渐渐兴旺起来。现在松下电器的各类产品享誉天下,与松下幸之助长期率先垂范,要求员工懂礼貌、讲礼节是分不开的。

讨论:如果松下幸之助一如既往不修边幅,他的公司会怎样?

仪表通常指人的外表,是人外在美的组成部分,主要包括服饰和装饰两方面。服饰是一种文化,也是一种语言。它既反映一个人的道德修养、文化素养和审美情趣,又可以美化个人形象,还是尊重他人的具体表现。

一、服饰礼仪的基本原则

（一）TPO 着装三原则

TPO 着装三原则是指人们在着装搭配时，应当注重的三个客观要素，即时间（Time）、地点（Place）、场合（Occasion）。

①时间原则：穿着要根据时令变化、温差变化等而改变。

②地点原则：服装穿着时要因地制宜，不同的环境应选择相应的服饰。

③场合原则：穿着要根据自己的工作性质、社会活动的要求、年龄、气质等来选择服装，从而塑造出与自己身份、个性相协调的外表形象。

（二）整体协调的原则

①要与自身特点相协调。选择服装应该与自己的年龄、体型、肤色、性格、身份等相协调，如年长者穿中山服、偏胖者不宜穿过紧的衣服。

②要与职业身份相协调。一般来讲，不同行业的或者不同职业的人，应穿相应的工作服。

③颜色搭配要协调。不同颜色的服饰会产生不同的穿着效果。一般而言，全身着装颜色搭配最好不超过三种，并以一种颜色为主色调，颜色太多会显得乱而无序，不协调。着装搭配和谐比较保险的三种方法为：一是上下装同色，即是套装，用饰物去点缀；二是同色系搭配，即利用同色系中的深浅、明暗度不同进行颜色搭配，整体效果比较协调；三是利用对比色搭配，如果运用得当，会产生令人耳目一新的效果。

二、不同场合的着装与要求

（一）职场女性着装

在正式职场场合，相对于男士的着装标准，女士的着装标准要休闲一些，没有男士正装要求得那么严格和规范。在选择的时候要本着庄重、大方、精致和体面的原则。此外，女士正装除了西服之外，还可搭配一些配饰，让整个人看起来更有光彩。

1. 西服上衣

女士西服上衣的选择种类要比男士多很多。比如从款式上来说，有大领、小领、圆领、方领、鸡心领、一字领和平领；从袖长来说，有长袖、中袖和短袖；在颜色上来说，有深色、浅色和彩色，均可供选择。总之，只要是能穿出个人的品位和气质来都可以接受。一般情况下，职场女性的定位不像男士那么严格和正式。如果在非常庄重的场合，要求女士一定要追求正式的话，可以参照男士的着装标准。比如西服里面加一件衬衫，应以白衬衫为好；衬衫的领子掖在里面比翻在外面正式；衬衫的下摆掖进西裙里面比悬垂在外面正式。简单来说，越接近男装的着装标准越正式。

2. 西服套裙

西服套裙是职业女性在职场穿得最多的服装。有些裙子是介于正装和休闲装之间的，如纯黑的西裙。与正装搭配的西服套裙，对其长度是有要求的，要在膝盖以上。老年

女士可以穿平于膝盖或者低于膝盖的裙子;在职的女性穿在膝盖以上 3～6 cm 长的裙子比较合适。这样可以表现出女性干净、利落和优雅的姿态。另外,女士西服套裙的开衩在什么位置并不重要,前开、后开和侧开都可以。

3. 袜子

女士的长筒丝袜千姿百态,但对我们国家的职业女性来说,只有两种颜色可以选,首选的是肉色,其次是黑色。

袜子分为透明和不透明两种,冬天穿不透明的保暖丝袜,夏天穿透明的丝袜比较合适。职业女性穿正装时,千万不要穿带网眼儿的丝袜。因为带网眼儿的丝袜比较张扬个性,不适合职业女性穿。在职场里,女士穿素色和纯色的袜子更显稳重。

4. 皮鞋

职业女性的皮鞋只有一种选择,即高跟鞋。如身体没有特殊原因最好不要穿中跟鞋,更不能穿平跟鞋。因为当女士穿上高跟鞋时,她的体态会有所变化,加上一条职业短裙,女士会显得更加优雅、更加端庄。

职业女性高跟鞋的高度,以 5 cm 作为一个限度。粗跟和细跟之间,最好选择细跟。粗跟显得稍微粗犷了一点,会与职业女性的定位不太协调。女士着装最容易出现的小瑕疵是,穿西服套裙,但穿了一双高帮的皮靴。需要大家特别注意:皮靴不属于职场正装。

5. 配饰

(1)首饰

生活中戴几件首饰都无关紧要,但职场女性最多只能戴三件首饰,而且这三件首饰最好选择白色系列,如珍珠、铂金、银、水晶和钻石。这是因为白色系列的首饰,不是靠颜色彰显自己,而是靠其本身的质地来体现品质。这三件首饰分别是戒指、耳环和项链,它们最好是同一系列的,这样更能体现品位。

(2)手表

女士的手表至少应该有两块,正装手表和休闲手表。正装手表是钢表壳,造型中规中矩,富有女士色彩;休闲手表可以是如运动表、时装表或各种造型夸张的手表。

(3)手提包

在正式场合,女士最好以提公文包的方式提着自己的包,不要背在肩上。特别高级的休闲包,也是以皮包和公文包的方式提着比较好。至于包的大小和式样,以在视觉上不太夸张为宜。

6. 搭配

女士只要进入职场,穿上正装,就要注意着装搭配的三大原则:色彩搭配、款式搭配和配饰搭配。只要是穿了正装,全身就必须是正装,千万不能穿正装西服,结果搭配了一条孔雀裙。至于颜色的搭配要突出主题,不同场合有不同的主题。如果是出席一个正式场合,就要强调庄重性,在着装的颜色上用冷色调的深素色比较好,如深蓝色、藏青色和黑色;如果要参加一个休闲的正式活动,则着装的颜色为暖色调比较合适,如图 2.2 所示。

(二)职场男性着装

1. 西装的选择

面料:力求高档,一般情况下首选毛料。

色彩:庄重正统,不可轻浮随便,一般宜选择藏蓝色、灰色、棕色。

图案:无图案为好。

尺寸:大小合身,宽松适度。

穿西装的基本要求:撕掉商标,熨烫平整,系好纽扣,不卷不挽,慎穿毛衣,不与 T 恤衫配套,少装东西。

图 2.2

西裤是西装的组成部分,要与上装协调;裤子不得有褶,要有裤线;裤长以裤脚接触脚背最为合适;裤扣要扣好,拉链要拉严。

2. 衬衫的选择

选择衬衫要求挺括、整洁、无褶皱;单一颜色,最好是白色;无图案为佳;长袖衬衫,无胸袋;大小合身,衣领和胸围要松紧适度;领型的选择兼顾本人脸型、脖长及领带结的大小。

穿衬衫时的注意事项:所有衣扣要系好,衬衫衣领高出西装领口 1~2 cm,衬衣袖长应比西装衣袖长 1 cm 左右,衬衣下摆要均匀地掖进裤腰里。

3. 领带与衬衫的搭配

领带要外形美观、平整,衬里不变形;面料以真丝、羊毛为最好;领带的颜色不要浅于衬衣颜色,蓝色、灰色、棕色、黑色、紫红色等单色领带是首选;最好是无图案,或以条纹、圆点、方格等规则几何图形为主要图案;领带的宽窄要与本人的胸围和西装上衣的衣领协调。

注意:不选时髦、随意的领带;不选简约式的领带;不选怪异的领带;职场场合一般不用领结。领带的颜色和花纹有很多,但最不会出错的(或者说基本适合所有场合的)颜色是蓝色,最不会出错的花纹是粗或细的斜条纹或者圆点(但是非正式、非职场的场合,如在平时或一般的酒会和晚宴上,领带的颜色和花纹就很随意了)。对于胖人来说就要系宽条纹领带,对于瘦人来说就要系细条纹领带,否则胖人显胖、瘦人显瘦。

领带的系法:将领带大头在右,小头在左,大头在上,小头在下,并且以大头端的长度大约是小头端长度的 3 倍的比例,交叉在颈前。

4. 西装、衬衫、领带的搭配

西装颜色越深,衬衫颜色越要明亮。最合适的搭配是:深色西装配穿浅色衬衫;西装与领带两者的色调可以对比,也可以互补,但在颜色深浅上要有变化;西装和领带的花纹不能重复。

搭配举例:黑西装+白衬衫+灰、蓝、绿色领带;灰西装+白衬衫+灰、绿、黄色领带;深蓝色西装+白色或明亮的蓝色衬衫+蓝色、灰色、黄色领带,如图 2.3 所示。

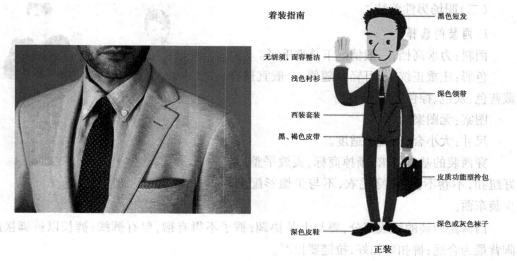

着装指南

黑色短发
无胡须，面容整洁
浅色衬衫
深色领带
西装套装
黑、褐色皮带
皮质功能型拎包
深色皮鞋
深色或灰色袜子

正装

图 2.3

5. 鞋

男士只宜穿黑色或深咖啡色皮鞋。黑色的皮鞋可以跟黑色、灰色、藏青色西装相搭配，咖啡色的皮鞋与咖啡色西装相配。白色和灰色的皮鞋，只适宜游乐时穿，不适合正式场合。皮鞋的款式是非常多的，但正规的职场款式只有一种：颜色是黑色的，质地是真皮的，是要系带的（最好是三节头系带的），鞋面是亮光或是磨砂的均可。常说的一脚蹬（不系带的皮鞋）永远是休闲款式，这点毫无疑问。职场、正式场合穿的皮鞋都是系带的。

6. 袜子

袜子的颜色以单一色调为好。白领男性挑袜子时，可以选择黑色、棕色或藏青色，以保证袜子颜色与长裤相配或相近。

7. 饰物的佩戴

皮带：皮带色彩与裤子色彩搭配时，可采用同一色、类似色和对比色。一般说来，黑色皮带可以配任何服装。选择一条质量上乘、款式大方、造型新颖别致的皮带，可以增加男人的风度和气质。

手表：俗话说："男看表，女看包。"一般不戴电子表、潜水表或卡通表去参加宴会。

公文包：白领男性在公务活动中应随时随身携带一个公文包。

【思考与练习】

请同学们检查自己的衣着，是否符合自己目前的身份，并说出着装不适宜的地方。

任务三 职场人员的体态

【案例探讨】

王阳是刚到四海公司任职不久的秘书。公司搞了一场庆典活动。活动前领导安排他先接待几位公司多年的合作伙伴。接待过程中,他先陪客人到公司各部门转了转。其间王秘书背着手,弓着背埋头快步朝前走。当发现自己将客人甩在了后面,便停下来蹲在地上等,当客人走近了,自己又迈开大步往前走。庆典活动开始了,王秘书向大家介绍各位来宾,他先用右手食指指着四海公司的总经理说:"这是我们公司的潘总。"接着他又用食指指着其他的几位来宾说:"那位是智益公司的老总,坐在他旁边的是他的助理,还有这位是工商局的局长……"活动结束后,公司领导免去了其秘书职务,让他回去好好学习礼仪知识。

讨论:这位王秘书在职场中哪些地方做得不恰当呢?

体态就是人的身体姿态,包括站姿、坐姿、走姿、蹲姿、卧姿、手姿等。体态语言学的研究成果表明,在沟通过程中,65%的信息是通过体态语言来表达的。人们的一举一动、一颦一笑都会表达特定的含义,体现出特定的情感。体态语言有着不可忽视的各种功能,能形象地传递信息,表情达意,更真实地展示人的内心世界,更能感染和吸引他人。

一、站姿

站立是人们在生活中常用的姿势之一,是一种静态的身体造型,更是别人关注度最大的体态。正确的姿态应是挺拔优雅,给人以舒展俊美、庄重大方、信心十足、积极向上的印象。

(一)基本要求

站立时,竖看要有直立感,横看要有开阔感,侧看要有垂直感,即从耳与颈相连处至踝骨前侧应大体成直线,肢体乃至身段竖直舒展,给人以挺、直、高的美感。男女站姿应形成不同风格,男子挺拔向上、伟岸舒展、精力充沛、风度潇洒;女子亭亭玉立、庄重大方。

1. 男性站姿

男性标准站姿的要求是:头正颈直,下颌微向后收,双目平视,面带微笑;双肩展开下沉,双手自然下垂,挺胸收腹,立腰提臀;双腿直立收紧上提,膝盖放松,双脚与肩同宽成小"八"字形,身体重心在两足中间;双手也可放在体前或体后。立正姿势要求是:两腿靠拢,双膝并严,双手自然下垂,身体重心在两足中间,如图2.4所示。

(a)立正站姿　　　　(b)双手后背站姿　　　　(c)双手前置站姿

图2.4

2.女性站姿

女性标准站姿的要求是:头正颈直,下颌微向后收,双目平视,面带微笑;双肩展开下沉,双手自然下垂,双腿直立收紧上提,膝盖放松内侧并拢,脚后跟靠拢,脚尖分开成30°的"V"形("丁"字步)。站姿适合登台表演,对身材肥胖、腿型不直的人有一定掩饰作用,如图2.5所示。

(a)双手前置站姿　　(b)立正站姿　　　(c)丁字步　　　(d)双手后背站姿

图2.5

(二)有损形象的站姿

①双肘相抱,重心落在一条腿上,前脚上下颤抖,如图2.6(a)所示。

②双手叉腰,双脚分开或重心落在一条腿上,如图2.6(b)所示。

(三)站姿训练

1.训练要领

①平:头正目平,双肩下沉。

②直:腰直、腿直;后脑勺、背、臀、脚后跟在同一平面上。

③高:重心上提,保持腹腔呼吸,腰腹、臀部、大腿肌肉收紧上提,尽可能使人显高。

2.训练方法

①靠墙训练[图2.7(a)]:优美站姿的形成必须经过有针对性的、系统性的场景训

(a) 双肘相抱   (b) 双手叉腰

图 2.6

练。站姿训练刚开始采用靠墙训练,训练头正。面平、微笑、直颈、展肩、立腰、提臀、直腿等基本要求要领要掌握。脚后跟、小腿肚、臀部、双肩、后脑勺贴墙,腰部距离墙面一个拳头。一般 15 min 为一个训练时段,每次训练 45 min 左右。

②顶物训练[图 2.7(b)]:可以把书或轻的小平板放在头部,躯体保持自然平衡,对身体的各个部位进行训练。重心纠正低头、仰脸、歪头、摇摆、身体不正的毛病。

③照镜训练:对照站姿的要领及标准,通过观察发现问题,及时调整。站姿控制在 20 min 左右,训练时最好配上轻快的音乐调整心情,克服单调,以减轻疲劳感。

(a) 靠墙训练   (b) 顶物训练

图 2.7

二、坐姿

坐姿是人体能较长时间维持的姿态,正确的坐姿给人安详、稳重的印象,是塑造个人形象不可或缺的环节。

(一)标准坐姿规范(图 2.8)

①从椅子后方入座。从椅子的左侧走至距离椅前半步远的位置,右脚后退半步重心回移,用小脚肚靠椅边,身体直立下降,轻稳地坐下。

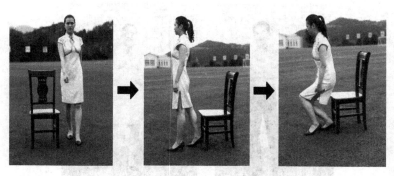

图 2.8

②女性入座时,若着裙装,应用手将裙摆稍稍捋一下,不要坐下后再站起来整理衣服。

(二)离座

①右脚后收半步,身体竖直轻稳起立。

②若是围座的形式,如就餐时,应从椅子的右侧腿至椅后再转身离开。

③若是横排,可以根据实际情况从椅子的前方或左右侧离开。

(三)姿态

坐下后腰背直立,臀部坐在椅面 2/3 处,上半身稍向前倾。在正式场合背部勿靠椅背上,手自然地放在腿上,不能放在两腿中间,女性双膝并拢,男性可以适当分开,但不要超过肩宽,小腿与大腿呈 90°,前后不超过 10°为宜,如图 2.9 所示。

(a)女性坐姿 　　　　(b)男性坐姿

图 2.9

(四)有损形象的坐姿(图 2.10)

①在公共场合,即使坐着舒服的沙发,也不宜靠在椅背上。

②"4"字形坐姿。

③"O"形坐姿

(五)坐姿训练(图 2.11)

①练习入座、离座。

②身体姿势的练习。训练各种优雅的坐姿时,可以采用对镜训练和同伴互练法进行纠正。其中,脚位和脚位的变化是训练的重点。

(a) 靠椅背坐姿　　　　(b) "4"字形坐姿　　　　(c) "0"形坐姿

图 2.10

(a) 标准式　　　　　(b) 前后式　　　　　(c) 偏点式

   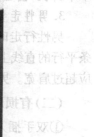

(d) 屈体式　　　　　(e) 垂挂式　　　　　(f) 斜挂式

(g) 标准式　　　　　(h) 前后式　　　　　(i) 垂挂式

图 2.11

三、走姿

古语曰"行如风",是形容走起路来像飞一样。相对于站、坐、蹲等姿势来说,人的行走姿势是一种流动的姿态造型,这种动态之美对于提升一个人的气质风度起着重要的作用。

(一)标准走姿规范

1. 基本要求

走姿应给人从容稳健的感觉,其要领是:头部端正,双目平视,下颌微收,双肩下沉,挺胸收腹,立腰提臀,使用腰部的力量,重心稍前倾3°~5°,两臂协调摆动,掌心向内,并以肩关节为轴向小腹前三拳左右的斜前方摆动。向前方摆动时,大臂与上体的夹角约35°;向后摆动时,大臂与上体的夹角不超过15°。注意膝盖朝前,不要偏外或偏内;屈膝迈步,迈步的大脚趾最后离开地面,脚掌紧接脚跟一起落地,脚尖不要扬得太高,落地时声音要轻。走路节奏要稍快,不拖泥带水,不在地面擦着走。

2. 女性走姿

女性行走时两只脚的脚跟内侧踩在一条直线上,行走线迹是正对前方成一条直线,形成腰部单调摆动而显得优美。膝盖内侧靠拢,千万不要走成两条直线,那样会很不雅观。女性着裙装时,步幅保持一个脚长,更显得优雅;着裤装时,步幅保持一个半脚长,会更加利索,如图2.12(a)所示。

3. 男性走姿

男性行走时两只脚的脚跟内侧踩在两条平行的直线上,这两条平行直线的距离不应超过肩宽。男性的走姿应体现阳刚之美,步幅宜保持一个半脚长,如图2.12(b)所示。

(a)女性走姿　　　(b)男性走姿

图2.12

(二)有损形象的走姿

①双手插入裤袋[图2.13(a)]。
②双手背于背后[图2.13(b)]。

(a)双手插入裤袋　　(b)双手背于背后

图2.13

（三）走姿训练

①顶物训练[图2.14(a)]：将一本书或其他轻的物品置于头顶行走，训练在行走中头正颈直的习惯，从而纠正摇头晃脑、东张西望、弯腰驼背的习惯。

②叉腰训练[图2.14(b)]：双手叉腰，上身正直，使用腰部的力量行走，保持行走时不松胯、摆臀、扭腰。

③摆臂训练[图2.14(c)]：基本站姿站立，原地摆动双臂，以肩带臂，以臂带腕，以腕带手，双手向小腹前三拳左右的斜前方摆动，掌心朝内，手指自然弯曲。向前摆动时，大臂与上体的夹角约35°，向后摆动时，大臂与上体的夹角不超过15°，克服双手横摆、向后摆动、同向摆动、单臂摆动或双手摆幅不等的现象。

④步态训练[图2.14(d)]：行走时上身正直不动，两肩下沉，双臂自然摆动，做到目光专注，行走稳健，步履轻盈。女性行走时脚尖与正对前方的直线呈15°的夹角，男士行走时两脚交替行进在距离不超过肩宽的两条直线上。

(a)顶物训练　　　　(b)叉腰训练　　　　(c)摆臂训练　　　　(d)步态训练

图2.14

四、蹲姿

在日常生活中，捡拾掉在地上的东西，应避免弯腰撅臀的不雅姿势。蹲姿是人体静态美和动态美的结合。为了使姿态得体，应注意蹲姿的基本礼仪规范。

（一）标准蹲姿规范

①高低式蹲姿[图2.15(a)(b)]：高低式蹲姿的基本要领：双膝一高一低，下蹲时左脚在前，右脚在后，左脚掌着地，右脚跟提起；膝盖朝前，右膝低于左膝；女性应注意双膝内侧靠紧，男性两腿之间可有适当距离。

②交叉式蹲姿[图2.15(c)]：交叉式蹲姿的基本要领：双膝交叉在一起再蹲下，这种蹲姿优美典雅，特别适合穿短裙的女性。

（二）有损形象的蹲姿

①直腿、弯腰、撅臀式下蹲[图2.16(a)]：在大庭广众前下蹲，切不可直腿、弯腰、撅臀式下蹲或叉开双腿下蹲。

（a）女性高低式蹲姿 （b）男性高低式蹲姿 （c）交叉式蹲姿

图2.15

②平行下蹲[图2.16(b)]：两腿左右分开平行下蹲，即便是直腰下蹲，对他人也是一种失礼的行为。

（a）弯腰、撅臀式下蹲 （b）平行下蹲

图2.16

（三）蹲姿训练

当需要捡拾低处或地面上的物品时，应走到物品的左侧；当面对他人下蹲时，应侧身相向；当需要整理鞋袜或整理低处物品时，可面朝前方，两腿一前一后，一般情况是左脚在前，右脚在后，目视物品，直腰下蹲。上体正直，单腿下蹲。女士穿低领上装时，下蹲时应注意用一只手护着胸口。

①弯腰捡物：直腰下蹲后，方可弯腰捡低处或地面物品，或整理鞋袜，或低处工作。

②直腰起身：取物或工作完毕后，要先直起腰部，使头部、上身、腰部处在一条直线上，再稳稳站起。

五、手势

手势是沟通中的身体语言，非常引人注目。如果手势运用不规范、不明确，动作不协调，会给人以漫不经心、敷衍应付、素质不高的印象。一般来说，掌心朝上，手指并拢给人以尊重、文明、规范的感受。

(一)引导"请进"的手势(图2.17)

动作要领:大臂与上体保持30°的夹角,小臂与大臂成90°~120°的夹角,指尖在肩和胸之间;手掌与小臂在一条直线上,五指并拢伸直。若手从体侧抬起,则以肘为轴直接从体侧摆动到肩膀和胸之间;若手在体前,则以肘为轴从小腹呈弧形摆动到位。另一手下垂或放在后腰,目视宾客,面带微笑,同时说"请进",表现出对宾客的尊重、欢迎。

(a)女性引导"请进"的手势　　(b)男性引导"请进"的手势

图 2.17

(二)指引方位

动作要领:手臂屈肘,由腹前或体侧抬起,掌心向上;同时,眼睛兼顾来宾和手势的方向,面带微笑,表示"请往前走"的意思。

(三)指引入座

动作要领:侧身站在距座位旁一步左右,手指提前抬起或从腹前下移,五指并拢伸直,大小臂接近180°,肘关节略为弯曲更显自然,指向座位的方向,指尖在大腿位置,上臂与上体保持15°的夹角,另一只手下垂或背在背后,目视宾客,面带微笑,同时对客人说"请坐"。

(四)指示自己

右手从体侧或体前曲臂,直线路径抬至胸口一拳处,手掌与小臂在一条直线上,手指略放松伸直,四指并拢,虎口略分开。

【思考与练习】

分小组设计各种交往场景,练习手势的运用。

模块三　职场交际礼仪

职场交际礼仪就是人们在人际交往时按礼仪规范去做,有助于彼此的相互尊重,相互关系的友好建立;也可以避免或者缓和不必要的冲突和矛盾。通过本章的学习,从行为、语言、思维方式等方面进行修炼,要突破自己习惯的舒适区,改变不良习惯,用职场礼仪去要求自己的行为、规范自己的言行举止和心态,从而培养自己积极的职业习惯和提升职业情商。

通过本模块的学习,你将能够:

◆知识目标:掌握对不同身份的人使用不同的称呼,能够正确地称呼对方;掌握自我介绍、他人介绍、集体介绍的相关礼仪,以及其具体的操作方式;掌握行握手礼的伸手顺序、姿态要领及其禁忌。

◆情感目标:通过对礼仪习惯的了解,强化学生的礼仪意识,规范学生的礼仪行为,不断提高学生的礼仪修养。

◆技能目标:能根据不同交际场合、情境和对象,在交往中恰当地称呼他人;能针对不同对象,灵活运用三种不同的介绍礼仪;能用正确的握手方式和顺序进行人际交往。

任务一　称呼礼仪

【案例探讨】

在 IT 公司上班的刘先生与公司门卫关系处得非常好,平时进出公司大门时,门卫都对刘先生以刘哥相称,刘先生也觉得这种称呼非常亲切。这天刘先生陪同几位香港的客人一同进入公司,门卫看到刘先生一行,又热情地打招呼道:"刘哥好!几位大哥好!"随行的香港客人觉得很诧异,其中一位还面露不悦之色。

讨论:为什么门卫平时亲切的称呼,此时却让几位香港客人诧异甚至不悦呢?门卫的称呼有何不妥?应该如何称呼?请同学们模拟示范。

一、称呼礼的含义与分类

(一)称呼礼的含义

称呼是指人们在日常交往中,相互之间的称谓语。它表示着人与人之间的关系,反映着一个人的修养和品德。称呼语是交际语言中的先行官,是沟通人际关系的桥梁。因此,掌握恰当的称呼方式是十分必要的。

一声得体又充满感情的称呼,不仅体现出称谓人的文化和礼仪修养,也会使交往对象感到愉快、亲切,促进双方感情的交融,为以后的深层交往打下良好基础。因此,有人把称呼比作交往前的"敲门砖",它在一定程度上决定了社会交往的成功与否。

(二)称呼的分类

1.工作中的称呼

(1)职务性称呼

职务性称呼一般在较为正式的官方活动、政府活动、公司活动、学术性活动中使用,以交往对象的职务相称,以示身份有别、敬意有加,而且要就高不就低。具体来说分为三种情况:

①仅称职务:如"市长""董事长""主任""总经理"等。

②姓氏+职务:如"张主任""刘部长""李秘书"等。

③姓名+职务:适用于非常正式的场合,如"姜涛经理""张三处长"等。

(2)职称性称呼

对具有中高级技术职称者,可在工作中直接以其职称相称。特别是在有必要强调其技术水准的场合,尤其需要这么做。通常分为三种情况:

①仅称职称:如"教授""会计师"等,它适用于熟人之间。

②姓氏+职称:如"刘工程师""陈律师"等,多用于一般场合。

③姓名+职称:如"王东高级营销师""何燕工程师"等,常见于十分正式的场合。

(3)学衔性称呼

在一些有必要强调科技或知识含量的场合,可以学衔作为称呼,有助于增加被称者的权威性,同时有助于加强现场的学术气氛。通常分为四种情况:

①仅称学衔:如"博士",多见于熟人之间。

②姓氏+学衔:如"刘博士",用于一般性交往。

③姓名+学衔:如"刘钊博士",用于较为正式的场合。

④学衔具体化:说明其所属学科,并在后面加上姓名,如"经济学博士刘钊",这种称呼显得最为郑重。

(4)行业性称呼

在工作中,如果不了解交往对象的具体职务、职称、学衔,有时可以直接以其所在行

业的职业性称呼或约定俗成的称呼相称。通常分为两种情况：

①以职业性称呼相称：如"大夫""警官""老师"等。此类称呼前,一般均可加上姓氏或姓名。

②以约定俗成的称呼相称：对男性称"先生",对女性称"小姐"或"女士"。一般而言,对未婚女性称"小姐",对已婚女性称"女士",对年长但不明婚姻状况的女子或职业女性称"女士"。这些称呼均可冠以姓名或姓氏,如"李小姐""张先生"等。

（5）姓名性称呼

姓名性称呼一般适用于与自己年龄、职务相仿的人,或是同学、好友之间。其具体有三种情况：

①直呼其名：如"张丽""张涛"等。

②只呼其姓,不称其名,但要在姓前加上"老""小""大"等前缀,如"老王""小张""大刘"等。

③只称其名,不呼其姓：通常是上司称呼下级,长辈称呼晚辈,如"志强""心怡"等。

2. 生活中的称呼

生活中使用的称呼应当亲切、自然、合理,一方面不可肆意而为,另一方面又不能煞有介事,不然会弄巧成拙。

（1）对亲属的称呼

亲属即本人直接或间接拥有血缘关系或姻亲关系的人。在日常生活中,对亲属的称呼是约定俗成的。在与外人交谈时,对辈分或年龄高于自己的亲属,可以在其称呼前加"家"字,如"家父""家母";对辈分或年龄低于自己的亲属,可在其称呼前加"舍"字,如"舍弟""舍侄";对自己的子女,则可在其称呼前加"小"字,如"小儿""小女""小婿"。

对他人的亲属,应采用敬称。对其长辈,应在称呼前加"尊"字,如"尊母""尊兄";对其平辈或晚辈,宜在称呼之前加"贤"字,如"贤妹""贤侄";若在其亲属的称呼前加"令"字,一般可不分辈分与长幼,如"令堂""令爱""令郎"。

（2）对朋友、熟人的称呼

称呼朋友、熟人时,既要亲切、友善,又要不失敬意。通常分为三种情况：

①敬称：对于有地位、有身份的朋友、熟人,应当采用必要的敬称。

对长辈或有地位、有身份者,大都可以称为"先生"。其前有时可加上姓氏,如"刘先生"。

对科技界、教育界、文艺界人士,以及其他在某一领域有一定成就者,往往可称为"老师"。在其前面也可加上姓氏,如"张老师"。

对同行中的前辈或社会上的德高望重者,通常可称之为"公"或"老"。具体做法是在其称呼前加上姓氏,如"陈老""杨公"。

②近亲性称呼：对邻里、至交,有时亦可采用"大爷""大妈""大叔""阿姨"等类似的称呼。这往往会给人以亲切、信任之感。此类称呼前,还可以加上姓氏,如"马叔叔""吴大姐""谭阿姨"。

（3）普通性称呼

在日常交往中,对仅有一面之交、关系普通的交往对象,可酌情使用下述几种称呼：

①以其职务、职称或学衔相称。

②以其行业性称呼相称。

③以约定俗成的"泛尊称"相称,如"同志""小组""夫人""女士""先生"等。

④以当时所在地流行的称呼相称。如在重庆,服务业习惯称顾客为"老师";在大连,往往称已婚者的配偶为其"对象"。

3. 涉外中的称呼

在国际交往中,因为国情、民族、宗族、文化背景的不同,称呼也会千差万别。一是要掌握一般性规律,二是要注意国别差异。

①一般对男外宾称"先生";对已婚女外宾称"夫人";对未婚女外宾可称"小姐";如不知道女宾婚否,可称"女士"或"小姐",切勿称"夫人"。

②对地位高的官方人士,一般为部长以上的高级官员,按国家情况称阁下、职务或先生,如"大使先生阁下"。

③对军界人士称军衔,如"将军""元帅""上校"。

④对宗教人士称呼其神职,如"牧师""神父""传教士"。

⑤对于君主制国家的王公贵族,称呼上应尊重对方习惯,对国王、皇后称"陛下",对王子、公主称"殿下",对有爵位、封号者称其爵位、封号或简单称"阁下"。

在英国、美国、加拿大、澳大利亚、新西兰等讲英语的国家,姓名一般由两部分构成,通常名字在前,姓氏在后,如"乔治·布什"。

俄罗斯人的姓名由本名、父名和姓氏三个部分组成。妇女的姓氏婚前使用父姓,婚后随夫姓,本名和父名通常不变。

日本人的姓名排列和中国人一样,区别在于日本人姓名字数较多。妇女婚前使用父姓,婚后使用夫姓,本名不变。对日本人一般可只称姓,熟人间也可只称名。对男士为表示尊重,可在姓后加"君",如"山口君"。

二、称呼礼的基本要求与正确使用

【同步案例1】

礼貌称呼带来成功

王欢是一名应届毕业生,刚毕业的她,整天奔走在找工作的路途中。有一天,她接到了一个面试通知,是应聘行政客服一职的。她准时地到达该公司参加面试。由于对这份工作的极度渴望,她在面试官面前显得太过紧张,有些发挥失常了。就在她从面试官眼中看出拒绝的意思而心灰意冷时,一位中年男士走进了办公室和考官耳语了几句。在他离开时,她听到人事主管小声说了句"经理慢走"。王欢灵光一闪,赶忙起身,毕恭毕敬地对他说:"经理您好,您慢走!"她看到了经理眼中些许的诧异,然后他笑着对王欢点了点头。

第二天,王欢接到了录用通知,她顺利地进入了这家公司的客服部。后来主管告诉她,本来根据她那天的表现,是打算"刷"掉她的,但就是因为她对经理那句礼貌的称呼,让人事部觉得她对行政客服工作还是能够胜任的,所以对她的印象有所改观,给了她这份工作。

讨论:王欢为什么得到了录用?

(一)称呼的基本要求

①称谓要准确、妥当、亲切和文雅,表现出尊敬,使双方心灵沟通,感情融洽,拉近彼此的距离。

②选择称呼要合乎常规,要照顾被称呼者的个人习惯,入乡随俗。

③在工作岗位上,人们彼此之间的称呼有其特殊性,要庄重、正式、规范。

(二)称呼的正确使用

称呼时,要避免下面几种失敬的做法。

1.错误的称呼

常见的错误称呼主要指误读或是误会。

①误读:念错对方姓名。有些不常用的字,容易读错。为了避免这种情况的发生,对于不认识的字,事先要有所准备;如果是临时遇到,要谦虚请教。

②误会:主要是对被称呼者的年纪、辈分、婚否以及与其他人的关系作出了错误判断。

2.使用不当的称呼

工人称呼为"师傅",学生之间称"同学",军人之间称"战友",道士、和尚、尼姑可以称为"出家人"。如果用这些称呼来称呼这些人以外的其他人,就显得很不恰当,有时候还会让对方产生被贬低的感觉。

3.使用庸俗的称呼

有些称呼在正式场合不适合使用。例如,"兄弟""哥们儿"等一类的称呼,虽然听起来亲切,但显得档次不高。

4.称呼外号

对于关系一般者,切勿自作主张给对方起绰号,更不能随意以道听途说来的绰号去称呼对方,也不要随便拿别人的姓名或生理缺陷乱开玩笑,如四眼等。

【同步案例2】

1.有一位年轻人想要去市工商局,走了很长一段路,不知距目的地还有多远。这时他看见一位老者在前方行走,于是他跑过去张口就问:"喂,老头,市工商局还有多远呀?"老者抬头望了年轻人一眼,说:"五里。"年轻人大喜,也不道谢,急忙往前走,可走了很长一段路,早就有几个五里了,还是不见工商局。年轻人不禁骂起老者来。

小组讨论:请问年轻人的问题出在哪里?小组派代表分别扮演老者和年轻人,如何问路,分组上台试演,全班评议。

2.一位西装革履的男士进入一写字间,问前台秘书小姐:"这是四方公司吗?"秘书小姐不理。这时有两个客户走进来,秘书小姐说:"李姐、五哥,我们经理正等着你们呢……"

小组讨论:以上情境在称呼上有什么问题?分别由组员担任各角色,上台试演,全班评议。

【思考与练习】

1. 下列关于称呼的说法,错误的是( )。
   A. 称呼,是指人们在日常交往应酬中,所采用的彼此之间的称谓语
   B. 商务礼仪中称呼是无关紧要的
   C. 称呼通常根据场合标准来划分其类型,一般有生活的称呼、工作中的称呼等
   D. 工作场合中常用的称呼有职务性称呼、职称性称呼、行业性称呼、学衔性称呼等
2. 下列不属于行业性称呼的是( )。
   A. 王会计　　　B. 李老师　　　C. 王经理　　　D. 张医生

任务二　介绍礼仪

【案例探讨】

张强是凯越电子有限公司的外联部主任,有一次,公司派他和办公室主任李燕去火车站接一批重要的客人。他们举着接站牌在出口处等候,客人们看到接站牌就微笑地走到了他们面前。张强问道:"你们是明德公司的吗?"对方一男士应道:"是的,你们是凯越电子有限公司的工作人员吧?"张强笑着说:"是的,请问您贵姓? 怎么称呼你们呢?"这位男士就一一介绍了自己一方的工作人员,张强听对方介绍完后也介绍道:"我是张强,这位是李燕。好了,你们跟我来吧!"

讨论:1. 在上述活动中,张强的表现有何不妥之处呢?
　　　2. 介绍时,应遵循哪些礼仪?

一、介绍的意义

介绍是一切社交活动的开始,是人际交往中与他人沟通、建立联系、增进了解的一种最基本、最常见的形式。在社交或商务场合,如能正确地利用介绍,不仅可以扩大自己的交际圈,广交朋友,而且有利于进行必要的自我展示,自我宣传,并且替自己在交际中消除误会,减少麻烦。介绍可以在许多场合使用,如在宴会、舞会、亲友聚会、会议上等。

二、介绍的分类及注意事项

根据介绍人具体身份的不同,介绍可分为自我介绍、他人介绍、集体介绍三种,它们的具体操作方式各有不同。

（一）自我介绍

自我介绍，顾名思义，就是在必要的社交场合，当自己与他人初次相见时，由自己充当介绍者，把自己展现给其他人，以使对方认识自己，或者借此认识对方。在进行自我介绍时，应注意三点：①先递名片；②时间简短；③内容完整。

①应酬式的自我介绍：适用于某些公共场合和一般的社交场合，应该简单明了，只介绍一个姓名即可。例如，姓名为李忠，可以介绍为："你好，我叫李忠，木子李，忠心的忠。"

②工作式的自我介绍：适用于工作场合，包括本人姓名、供职单位及其部门、职务或从事的具体工作等（图 3.1）。例如，"你好，我叫李忠，在职教中心任教。"

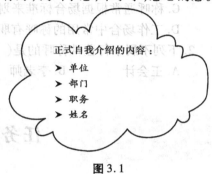

正式自我介绍的内容：
➤ 单位
➤ 部门
➤ 职务
➤ 姓名

图 3.1

③社交式的自我介绍：在介绍姓名、单位和工作的基础上，进一步介绍兴趣、爱好、经历、同交往对象的某些熟人的关系等，以便加深了解，建立情谊。例如，"你好，我叫李忠，在职教中心任教。我是刘涛的老乡，我们都是重庆人。"

自我介绍应注意以下几点：

①注意时间。要抓住时机，在适当的场合进行自我介绍，如在对方有空闲，而且情绪较好，又有兴趣时，这样就不会打扰到对方。

②讲究态度。进行自我介绍时，态度一定要自然、友善、亲切、随和，应落落大方，彬彬有礼。既不能唯唯诺诺，又不能虚张声势，轻浮夸张。语气要自然，语速要正常，语音要清晰。

③真实诚恳。进行自我介绍要实事求是，真实可信，不可自吹自擂，夸大其词。

④内容简洁。进行自我介绍时，语言应简练，尽可能地节省时间，以 30 s 左右为佳。为了节省时间，作自我介绍时，还可利用名片、介绍信加以辅助。

（二）他人介绍

在社交场合，除了介绍自己之外，还有必要介绍他人。介绍他人，又称第三者介绍，是指由第三者替彼此不认识的双方所进行的介绍。在介绍他人时，替他人进行介绍的第三者为介绍者，而被介绍的双方则为被介绍者。

在绝大多数情况下，介绍者应对被介绍者双方一一进行具体的介绍。在个别时候，亦可只将被介绍者中的一方介绍给另外一方，但那样做的前提是：前者认识后者，而后者却不认识前者。

遇到下列情况，有必要进行他人介绍，如与家人外出，路遇家人不相识的同事或朋友；陪同上司、长者、来宾时，遇见了其不相识者，而对方又跟自己打了招呼；本人的接待对象遇见了其不相识的人士，而对方又跟自己打了招呼；在家中或办公地点，接待彼此不相识的客人或来访者；打算推介某人加入某一方面的交际圈；受到为他人作介绍的邀请等。

为他人介绍，应注意以下四点礼仪：

①要注意介绍人的身份。在介绍某人身份时,要注意分寸,不应过分对被介绍人进行颂扬,这样会引起他人的抵触情绪。

②被介绍者必须先后有序。按照礼仪中尊者优先的原则,在介绍时应遵循将男士介绍给女士、晚辈介绍给长辈、下级介绍给上级、非官方人士介绍给官方人士、客人介绍给主人的顺序进行。

③要注意介绍的内容。为他人介绍的内容,大体与自我介绍的内容相仿,可酌情在三项要素的基础上进行增减。作为第三者介绍他人相识时,要先向双方打一声招呼,让被介绍的双方都有所准备。

④注意正确的肢体语言。正确的手势为抬起前臂,五指并拢伸直,手掌向上倾斜,指向被介绍人。千万不能用手指指向被介绍的任何一方,

图3.2

这代表极其不尊重被介绍双方。同时被介绍的一方,也应注意自己的言行举止,要目视对方,面带微笑,如有必要时应起立,并主动与对方握手(图3.2),可以说:"您好! 很高兴认识您。"

(三)集体介绍

集体介绍是他人介绍的一种特殊形式,被介绍者一方或双方都不止一人,大体可分为两种情况:一是为一人和多人作介绍;二是为多人和多人作介绍。

介绍集体时,通常应注意下面两方面的具体问题:

1. 介绍的顺序

①单向式:有时也称"少数服从多数"。其含义是:当被介绍者双方一方为一个,另一方为多人时,往往应当前者礼让后者,即只将前者介绍给后者,而不必再向前者一一介绍后者。

②概括式:当被介绍者双方均人数较多,而又确无必要逐一加以介绍时,不妨酌情扼要地介绍一下双方的概况。例如,"介绍一下,这些人都是我的家人,这几位是我工作上的同事。"

③尊卑式:多见于正规的公务交往中。它的具体要求是:首先介绍位卑的一方,然后介绍位尊的一方,而且在介绍其中任何一方时,均应由尊而卑地逐一介绍其具体人员。

2. 介绍的态度

①平等待人。进行具体介绍时,对被介绍者双方一定要平等对待。不论介绍的态度、内容还是其他具体方面,均应有规可循,切忌厚此薄彼。

②郑重其事。介绍集体时,一定要表现得庄重大方,给人以郑重其事之感。此刻不宜乱开玩笑,或显得过于随意。

【同步案例1】

尴尬不已的介绍

A男士和A女士两位秘书在门口迎接来宾。一辆小轿车驶来,一男士下车。A女士走向前,说道:"王总您好!"呈上自己的名片,又道:"王总,我叫李月,是××集团的秘书,专程前来迎接您。"王总道谢。A男士上前,说道:"王总您好!您认识我吧?"王总点头。A男士又问:"那我是谁?"王总尴尬不已。

讨论:请分析情境中人物做法的正误。A男士的做法错在哪里?应该怎么做?

分析:介绍是社交场合中相互了解的一种方式,自我介绍时应做到及时、准确、清楚,不应该理所当然地认为对方认识自己,即使原来有一面之交,也许会忘记,所以不应该让对方难堪。

【同步案例2】

罗兰的自我介绍

罗兰去参加朋友的生日宴会,在那里她遇到了一个不认识的人。当时朋友正在忙里忙外地招呼客人,所以没有顾得上更多地关照罗兰这个"自己人"。正当性格内向的罗兰胆怯地坐在客厅一角,不知道自己该不该和那些陌生人寒暄几句,更不知道自己应该如何开口时,一位温文尔雅的先生走了过来,主动跟她打招呼:"小姐,您好!我叫邓雨轩,请问您怎么称呼?"缺乏准备的罗兰有点慌乱地随口就说道:"叫我小罗好了。"

其实,罗兰这时打心眼里感谢这位不熟悉的邓先生过来跟她打招呼,使她不至于"孤立无援",而且她也真想大大方方地同邓先生聊上几句。然而意想不到的是,罗兰就那么一句"叫我小罗好了",让邓先生的热情顿减,立马扭头走了回去。

讨论:为什么邓先生折了回去?请分析罗兰的介绍有什么问题?

分析:

①自我介绍是进入社会的一把钥匙。

②在不同的场合自我介绍的内容是有区别的,要根据场合选择恰当的方法进行自我介绍。

③本案例中的场景属于一般性的社交场合,自我介绍时需要介绍自己的姓名,而不应该只介绍自己的姓。

说明:在作自我介绍时需要选用恰当的方法,把握好相应的时机和场合,并掌握好分寸。

【思考与练习】

1. 自我介绍应该注意哪些问题?若你参加一个酒会,要想让大家认识你,应该如何进行自我介绍?

2. 同学之间相互以客人及主人的身份来接待和拜访对方,从而纠正自己哪些地方做得不够好。

任务三 握手礼仪

【案例探讨】

有一则文坛逸闻说,俄罗斯文豪屠格涅夫一日在镇上散步,路边一个乞丐伸手向他讨钱。他很想有所施予,往口袋掏钱时才知道没有带钱袋,见那乞丐的手举得高高地等着,屠格涅夫面有愧色,只好握着乞丐的手说:"对不起,我忘了带钱出来。"乞丐笑了,含着泪说:"不,我宁愿接受你的握手!"

讨论:为什么乞丐没有讨到钱,却感动得流泪?

握手,是见面时最常见的礼节。因为不懂握手的规则而遭遇尴尬的场面,是谁也不愿遇到的。行握手礼是一个并不复杂却十分微妙的问题,作为一个细节性的礼仪动作,做得好,好像没什么显著的积极效果;做得不好,却能突兀地显示出负面效果。

一、握手的时机与场合

握手是一种沟通思想、交流感情、增进友谊的重要方式。除了传统的表示友好外,还可以表示感谢、欢迎、慰问、致歉、祝贺等多种含义。如今握手礼仪已是世界上通行的礼仪,也是日常生活中最常见和常用的礼仪。正确灵活地掌握和运用行握手礼的时机,可以显示自己的修养和对对方的尊重。

(一)握手礼的起源

史前时期,人类的祖先以打猎为主,世界对他们来说是充满危险的。因此,当陌生人相遇时,如果双方都怀着善意,便伸出一只手,手心向前,向对方表示自己手中没有石头或武器,待走近之后,两人互相摸摸右手,以示友好。这样沿袭下来,便成了今天人们表示友好的握手礼。

(二)握手的时机

通常,与人初次见面或熟人久别重逢、告辞、送行都可握手致意。在有些特殊场合,如向人表示祝贺、感谢或慰问时,双方交谈产生共鸣时,双方原先的矛盾有了某种良好的转机或彻底和解时,习惯上也以握手为礼。

如何行握手礼,这是一个十分复杂而微妙的问题,它通常取决于交往双方的关系、现场的气氛,以及当事人个人的心情等诸多因素,所以不能一概而论。一个人若要在人际交往中显得彬彬有礼,那么就应该了解在什么时候应当握手,在什么时候不必握手,否则即为失礼。

(三)握手的场合

1. 适宜握手的场合

①遇到较长时间未曾谋面的熟人,应与其握手,以示因久别重逢而万分欣喜。

②在比较正式的场合同相识之人道别,应与之握手,以示自己的惜别之意以及希望对方珍重之心。

③被介绍给不相识者时,应与之握手,以示自己乐于结识对方,并为此深感荣幸。

④在社交场合,偶然遇上了同事、同学、朋友、邻居、长辈或上司时,应与之握手,以示高兴与问候。

⑤向他人表示恭喜、祝贺之时,如祝贺生日、结婚、生子、晋升、升学、乔迁、事业成功或获得荣誉、嘉奖时,应与之握手,以示贺喜的诚意。

⑥他人给予自己一定的支持、鼓励或帮助时,应与之握手,以示衷心感激。

⑦他人向自己赠送礼品或颁发奖品时,应与之握手,以示感谢。

⑧对他人表示理解、支持、肯定时,要握手,以示真心实意。得知他人患病、遭受其他挫折或家人过世时,要握手,以示慰问。

2. 不必握手的场合

在下述一些时刻或场合,因种种原因,不宜同交往对象行握手礼。此时,采用对方理解的方式向其致意。

①对方手部负伤。

②对方手部负重。

③对方手中忙于他事,如打电话、用餐、喝饮料、主持会议、与他人交谈等。

④对方与自己距离较远。

⑤对方所处环境不适合握手。

⑥当自己的手不干净时,应亮出手掌向对方示意声明,并表示歉意。

【同步案例 1 】

1972 年 2 月 21 日,美国总统尼克松到中国进行友好访问。周恩来到机场迎接。当他们的手握在一起时,周恩来微笑着说:"你把手伸过了世界上最辽阔的海洋来和我握手。"中美关系自此走上了正常化的道路。一次不寻常的握手实现了中美"两国领导人横跨太平洋的历史性握手",它标志着"一个时代结束了,另一个时代开始了"。

讨论:一次看似寻常的握手,为什么会带来如此不寻常的意义?和同学们讨论一下握手礼仪的重要作用。

二、握手的顺序、方法及禁忌

(一)握手的顺序

在正式场合,握手时伸手的先后次序主要取决于职位、身份。在社交、休闲场合,则主要取决于年纪、性别、婚否。职位、身份高者与职位、身份低者握手,应由职位、身份高

握手礼仪

长辈女士主动伸出,客人晚辈相遇握手,
一定要用右手握手,时间一至三秒为宜,
男士握手时应脱帽,切忌戴手套把手握,
握手双目注视对方,微笑致意或问声好,
多人握手顺序进行,千万不要交叉握手。

图 3.3

者首先伸出手来(图 3.3)。

①一般讲究"尊者决定",即女士、长辈、已婚者、职位高者伸出手之后,男士、晚辈、未婚者、职位低者方可伸出手去呼应。

②若一个人要与许多人握手,要按照尊者为先的原则,握手的顺序为:先长辈后晚辈,先主人后客人,先上级后下级,先女士后男士。

(二)握手的方法

握手的标准方式,是行礼时行至距握手对象约 1 m 处,双腿立正,上身略向前倾,自然屈肘,手约与对方腰带平高,将虎口一直伸向对方虎口,握对方手掌部位,虎口相对,四指并拢,拇指张开与对方相握(图 3.4、图 3.5)。握手时应用力适度,上下稍许晃动三四次,随后松开手来,恢复原状。具体应注意以下几点:

图 3.4　　　　　　　　　　　图 3.5

①握手时应先摘下帽子,脱去手套,否则会被认为是失礼或没有教养的表现。

②与人握手时,神态自然、专注、热情、友好。在正常情况下,与人握手时,应面带笑意,目视对方双眼,并且口道问候。

③与人握手时,力度要适中,不可毫不用力,不然就会使对方感到缺乏热情与朝气。但也不宜矫枉过正,如果在握手时拼命用力,不将对方握得龇牙咧嘴不肯罢休,则难免有示威或挑衅之嫌。

④在普通情况下,与他人握手的时间不宜过短或过长。大体来讲,握手的全部时间应控制在 3 s 以内,握上一两下即可。

⑤在握手时,手的位置至关重要,常见的手位有以下两种:

A. 单手相握:与人相握时,手掌垂直于地面最为适当。这一方式称为"平等式握手",表示自己不卑不亢。

a. 与人握手时掌心向上,表示自己谦恭、谨慎,这一方式称为"友善式握手"。

b. 与人握手时掌心向下,则表示自己感觉甚佳,自高自大,这一方式称为"控制式握手"。

B. 双手相握:用右手握住对方右手后,再以左手握住对方右手的手背。这种方式适

用于亲朋故友之间,可用以表达彼此间的深厚情谊。一般而言,此种方式的握手不适用于初识者或与异性握手时,因为它有可能被理解为讨好或失态。这一方式有时也称为"手套式握手"。

双手相握时,左手除握住对方右手手背外,还有人握住对方右手手腕,握住对方右手手臂的。这些做法除非是面对至交,否则最好不要滥用。

(三)握手的禁忌

①握手时,另一只手不要拿着报纸、公文包等东西不放,也不要插在衣袋里。

②女士在社交场合戴着薄纱手套与人握手被允许,而男士无论何时都不能在握手时戴着手套。

③握手时不要长篇大论,点头哈腰,滥用热情,显得过分客套,也不能面无表情,不置一词。

④握手时不要只握住对方的手指尖,也不要只递给对方一节冷冰冰的手指尖。

⑤与基督教徒交往时,不要两人握手时与另外两人相握的手形成交叉状。这种形状类似十字架,在他们看来是很不吉利的。

⑥不要用很脏的手与他人相握,也不能在与他人握手之后,立即擦拭自己的手掌。

⑦不要拒绝与他人握手,也不要用左手与他人握手,不要用双手与异性握手。

【同步案例2】

小王为何让领导不满

在一次接待某省考察团来访时,小王因与考察团团长熟识,被部门列为主要迎宾人员陪同领导前往机场迎接贵宾。当考察团团长率领其他工作人员到达后,小王面带微笑,热情地走向前,先于领导与考察团团长握手致意,表示欢迎,然后转身向自己的领导介绍这位考察团团长,接着又热情地向考察团团长介绍自己同来的部门领导。小王自以为此次接待任务完成得相当顺利,但他的某些举动却令其领导十分不满。

讨论:小王的举动恰当吗?

分析:握手与介绍都应讲究顺序,握手忌讳贸然出手。遇到上级、长者、贵宾、女士时,自己先伸出手是失礼的。介绍时应遵循尊者居后的原则,也就是尊者有优先知情权。本例中,小王先于领导与考察团团长握手致意,是很不礼貌的行为;为双方作介绍时,颠倒了先后顺序,不合乎礼节的要求。

【思考与练习】

判断题:

1.握手时,双方之间只距一步之远。( )

2.同一天里,如果两人在不同场合多次见面,通常是第一次见面握手后,后面只需微笑致意打个招呼即可。( )

3.握手时应摘下帽子,但可以戴着手套。( )

4. 握手时双手紧握，为了表示热情，可以长时间握住发表"长篇大论"。　　（　　）

5. 因手拿东西不方便，可以用自己的左手去回应对方的握手。　　　　　（　　）

任务四　名片礼仪

【案例探讨】

在一次宴会上，王萌经朋友介绍认识了张芳。张芳热情地将自己的名片递给了王萌，王萌接过后将名片放在餐桌上继续交谈。一会儿又来了一位新朋友，王萌向他索要名片，那位新朋友恰巧没带，于是王萌将新朋友的信息直接记在了张芳的名片上，之后又习惯性地将名片卷搓玩弄。宴请结束后，王萌热情邀请张芳下次再聚，但张芳根本不理睬王萌，王萌纳闷极了。

讨论：你知道张芳为什么不理睬王萌吗？

名片是现代社会私人交往和公务交往中一种最直观、最实用的介绍性媒介；是印有个人的姓名、地址、职务、电话号码等内容的长方形小卡片；是朋友间互相认识、自我介绍的最快、最有效的方法。作为一种礼仪信物，早在西汉时期"名片"就已出现。当时削竹、木为片，写上名字，称之为"谒（yè）"，东汉时又改称为"刺"。

一、名片包含的内容和名片的分类

1. 名片包含的内容

名片包含的基本内容一般有姓名、工作单位、职务、职称、通信地址等，也有把爱好、特长等写在上面的。

2. 名片的分类

因其具体内容和用途的不同，常见的分类主要有下述几种。

按名片用途分为商业名片、公用名片、个人名片。

按名片材质分为数码名片、胶印名片、特种名片。

按排版方式分为横式名片、竖式名片、折卡名片。

按印刷表面分为单面印刷、双面印刷两类。

下面只介绍按名片用途分的 3 种名片。

①商业名片：为公司或企业进行业务活动时使用的名片，名片使用大多以营利为目的。商业名片的主要特点为：名片常使用标志、注册商标，印有企业业务范围，大公司有统一的名片印刷格式，使用较高档纸张，名片上没有私人家庭信息，主要用于商业活动，如图 3.6 所示。

图 3.6

②公用名片：为政府或社会团体在对外交往中所使用的名片，名片的使用不是以营利为目的的。公用名片的主要特点为：名片常使用标志，部分印有对外服务范围，没有统一的名片印刷格式，名片印刷力求简单实用，注重个人头衔和职称，名片内没有私人家庭信息，主要用于对外交往与服务，如图 3.7 所示。

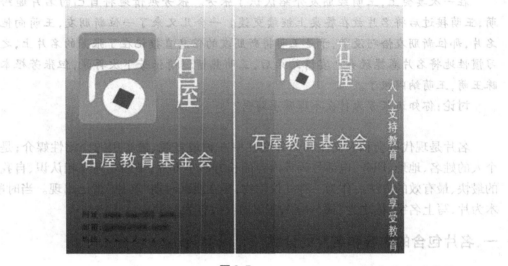

图 3.7

③个人名片：朋友间交流感情、结识新朋友时所使用的名片。个人名片的主要特点为：名片不使用标志，名片设计个性化，可自由发挥，常印有个人照片、爱好、头衔和职业，名片纸张据个人喜好而定，名片中含有私人家庭信息，主要用于朋友交往，如图 3.8 所示。

图 3.8

二、名片的放置

一般来说,把自己的名片放于容易拿出的地方,不要将它与杂物混在一起,以免要用时手忙脚乱,甚至拿不出来。若穿西装,宜将名片置于左上方口袋;若有手提包,可放于包内伸手可得的部位。不要把名片放在皮夹内、工作证内,甚至裤袋内,这是一种很失礼的行为。另外,不要把别人的名片与自己的名片放在一起;否则,慌乱中容易误将他人的名片当作自己的名片送给了对方,这是非常糟糕的。

三、名片交换

(一)递交名片(图3.9)

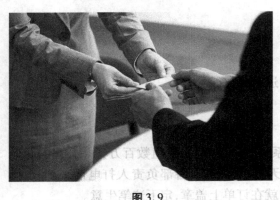

图3.9

①起身站立,走上前去,双手或者右手将名片正面面对对方,高度要保持适中,不要将名片高于胸部,不要用手指夹着名片递给他人。

②递交名片时应当说"请多指教""多多关照""今后保持联系"或者作自我介绍。

③出示名片的顺序:名片的递接一般是地位低的人先向地位高的人递名片,男性先向女性递名片。当对方不止一人时,应先将名片由尊及卑或由近至远依次递交,切勿跳跃式地递交,以免对方误认为厚此薄彼。

(二)接受名片

①当别人递来名片时,应立即停止手中所做的一切事情,起身站立,面带微笑并目视对方,应用双手或右手接过,切勿单用左手接过。

②接过名片后,当即要用30 s左右认真看一下名片,以示尊重,如图3.10所示。接过名片时要开口道谢,不可一言不发,若需要把自己的名片递给对方,最好在收好对方名片之后再进行。

③看过名片后,应细心地放入上衣口袋或名片夹中。把玩,随意放到桌上,放在臀部后面的口袋或交予他人,都是失礼的。

图3.10

【知识小链接】

一般来说，下列情况需要将自己的名片递送他人，或与对方交换名片：

①希望认识对方；

②被介绍给对方；

③对方向自己索要名片；

④对方提议交换名片；

⑤打算获得对方的名片；

⑥初次登门拜访对方；

⑦通知对方自己的变更情况。

【做一做】

给自己设计一张独特的名片，在班级内进行评比。

【思考与练习】

1. 某公司新建的办公大楼需要添置一系列的办公家具，价值数百万元。公司的总经理已决定向 A 公司购买这批办公用具。这天，A 公司的销售部负责人打电话来，要上门拜访这位总经理。总经理打算等对方来了，就在订单上盖章，定下这笔生意。

不料对方比预定的时间提前了 2 h 到达。原来对方听说这家公司的员工宿舍也要在近期内落成，希望员工宿舍需要的家具也能向 A 公司购买。为了谈这件事，销售部负责人还带来了一大堆资料，摆满了台面。总经理没料到对方会提前到访，刚好手边又有几件事情急需处理，就请对方先等一会儿。不料，这位销售部负责人等了不到半个小时，就开始不耐烦了，一边收拾起资料，一边说："我还是改天再来拜访吧。"

这时，总经理发现对方在收拾资料准备离去的时候，将自己刚才递上的名片不小心掉在了地上，可对方并未发觉，走时还无意地从名片上踩了过去。但这个不小心的失误，却令总经理改变了初衷，A 公司不仅没有机会与对方商谈员工宿舍的设备购买，连几乎到手的数百万办公用具的生意也告吹了。

要求：

①分组讨论：为何 A 公司销售部负责人把到手的生意都谈没了？

②请学生分组分别扮演 A 公司销售部负责人和公司总经理，演演如何得体地拜访，如何正确地运用名片礼仪来谈成这笔生意。

2. 张女士与孙先生相遇了，由于孙先生的工作有所变动，孙先生主动递出了自己的名片。张女士也打开自己的手提包，准备拿出自己的名片与之交换，可是一摸，摸出了一张健身卡，再一摸是一张名片，便高兴地递给了孙先生，孙先生接过名片低头一看，是别人的名片。张女士尴尬地笑着，继续在包里找着名片……

要求：

①分组讨论：本例中为何张女士出现这种尴尬的情况？应如何避免？

②请学生分组讨论后，再上台表演，学生评议。

任务五 舞会礼仪

【案例探讨】

张先生收到一张舞会请柬，于是他邀请了小文和小丽两个女孩去参加舞会。为了表示隆重，张先生穿上了国外买来的牛仔裤，小丽穿上了性感的吊带裙，而小文穿上了一套高级的套裙。在舞会中，当张先生准备下一支舞曲与小丽共舞时，一位男士走过来邀请小丽，小丽见这男士身材矮小，便扭过头去一声不吭，拉着张先生就往舞池中间走去。该男士非常尴尬又转向去邀请小文，小文则彬彬有礼地回答："对不起，先生，我不太舒服。"

讨论：张先生、小文和小丽有何不妥之处？

一、舞会和舞会的分类

舞会是西方一种正式的跳舞的集会，参加者要穿着晚礼服等正装，整场舞会中很大的一部分由交际舞构成。舞会是一种无声的世界语言，是不同国度、不同民族、不同肤色的人进行交流沟通的一种有益的工具。出席舞会前应当进行适当修饰，进入舞场后应当文明大方，遵循一定的礼仪规范邀舞、伴舞。

舞会可分为：大型商务接待舞会；交谊舞会；篝火舞会；家庭舞会。本节主要针对交谊舞会进行讲解。

二、邀请舞伴礼仪

（一）男士要主动邀请女士

根据惯例，在舞会上邀请舞伴时，男士应当主动邀请女士。舞曲响起后，男士可行至拟邀跳舞的女士面前，先跟与她一起在座的男士或其他人点头示意，然后向拟邀跳舞的女士点一下头，或者欠身施礼，目视对方轻声说"请您赏光"或"可以请您跳舞吗"。女士也可以主动邀请男士跳舞。具体做法与男士邀请女士相类似。

一般情况下，女士可以拒绝男士的邀请，而男士一般不宜谢绝女士的邀请。在正式的舞会上，一个人不宜单独跳舞，更不宜与同性共舞，尤其是有外宾参加的舞会。这是因为在西方人看来，同性共舞有同性恋的嫌疑，尤其是男性共舞。

(二)拒绝邀请应该得体

在舞会上,一般不宜对邀请表示拒绝。如果出于某种原因,不想接受他人的邀请,只要做得得体,也不算失礼。最佳的拒绝方法是"我想暂时休息一下",或者"这支舞曲我不大会跳",以便给邀请者一个台阶下。但拒绝了前一位男士的邀请后,女士不能马上接受其他人的邀请。

(三)要服从社交任务,顾全大局

因此,邀请舞伴时不能单凭个人好恶,还须兼顾现实公关任务的工作需要,遵守如下规范:

①有意识地多交换舞伴,扩大社交面。

②主人要重点照顾好自己的主要客人。自第二支舞曲开始,主人应按尊卑顺序依次邀请主要客人各跳一支曲子。演奏第二支舞曲时,男主人应邀请女主宾跳舞,男主宾应当回邀女主人;女主人也可以主动邀请男主宾。演奏第三支舞曲时,男主人应邀请次女主宾跳舞,次男主宾则应当回邀女主人;女主人也可主动请次男主宾跳舞。

③作为来宾,在邀请舞伴时有较大的选择范围,但应当主动抽时间邀请一下主人,而不是一直等待对方来邀请自己。对于同来之人,以及被介绍给自己的人,如果有可能也应相邀一次。

三、跳舞过程的礼仪

①注意上场、下场的规矩,给舞伴应有的尊重。上场时,男士应主动跟在女士身后,让对方来选择跳舞地点。下场时,不宜在舞曲未完之际先行离去。男士可在原处向女士告别,或是把对方送回原来的地方再离开。

②舞姿应当文明优美。跳舞时,身体要端正。通常为男士领舞,领舞与伴舞者之间不宜相距过近,双方胸部应有 30 cm 左右的间隔,以维护自己的人格尊严。跳舞时,男女双方都不要目不转睛地凝视对方,也不要表情不自然。男士不可把女士的手捏得太紧,不可把整个手掌全贴在女士的腰上。男士在旋转时不要把女士拖来扯去,或是腿部过分伸入女方两腿之间。女士不要把双手套在男士的脖子上,也不要把头部主动俯靠在对方的肩上。

四、塑造良好形象

跳舞之前、之中都要塑造良好的形象,主要应从以下这些方面来注意。

①着装干净、整洁、端庄。男士宜穿西服套装或长袖衬衫配长裤,女士则可穿中长袖的连衣裙。

②清除身上的异味。出席舞会之前,一定要洗澡、理发、漱口。不要吃葱、蒜、韭菜、海鲜、腐乳之类气味经久不散的食物,不要饮酒。在舞场上下,都不要吸烟,不要为消除异味而大嚼、特嚼口香糖。

③抵达要早,告退要晚。

④舞兴要有所控制。

⑤要尊重主人为舞会所作的一切安排。不管当面还是背后,都不对舞会安排进行批评。不要随便要求改动舞会的既定程序,不要凭个人兴趣和愿望要求临时改换舞曲或要求延长舞会时间。

⑥同性之间要互谅互让,男士不要与别人争舞伴。对于其他男士邀请自己的女伴,要表现得宽容大度。

⑦异性交往要有分寸。在舞场上,不要对异性过分献殷勤;不要跟刚刚相识的异性长时间地在一起;不要过多地与对方讲心里话或过多地了解对方的详情。

【思考与练习】

1.怎样邀请他人跳舞?

2.舞场上应怎样有礼貌地回绝他人的邀请?

3.如何在舞会上塑造自己的良好形象?

4.实训:学会基本舞步,如华尔兹、慢三步、快三步等。

任务六 其他相关礼仪

【案例探讨】

齐顷公笑使臣

公元前589年的"鞍之战",就是因"礼"而发生的战争。齐顷公接见前来拜访的晋、鲁、卫、曹四国使臣。当看到四国使臣一个独眼、一个跛脚、一个秃头,还有一个驼背时,齐顷公顿时觉得很好笑,就将此事讲给了自己的母亲萧太后。萧太后好奇心很重,非要亲自看看。

"孝顺"的齐顷公为博母亲一笑,就导演了一场超级恶作剧。他让人从国内找了一个独眼、一个跛脚、一个秃头、一个驼背,分别对号入座为四位来宾驭车。次日一早,齐顷公宴请四国使臣,萧太后便躲藏在帷帐后观看并放肆大笑。

四国使臣认为是齐顷公为了取悦他的母亲而用他们的身体缺陷当笑柄,这简直是奇耻大辱。于是他们歃血为盟,对天起誓,决心同心协力,伐齐报仇。四年后,四国联合起来讨伐齐国,齐国不敌,大败,齐顷公只得讲和。这便是春秋时期著名的"鞍之战"。

讨论:何为"不懂礼,别人生气,后果严重"?

一、点头礼

(一)点头礼

这种礼也称颔首礼,是商务朋友之间表示友好的行为。微微点头对人表示礼貌,既适用于你已经熟识的商界朋友,也适用于你初识相遇的人。此礼简单实用,可以立刻拉近人与人之间的距离。

(二)具体做法

点头礼的做法是头部向下轻轻一点,同时面带笑容。注意不要反复点头不止,点头的幅度也不宜过大。

(三)注意事项

①在一些公共场合遇到领导、长辈,一般不宜主动伸出手去,合适的做法是点头致意。这样既不失礼,又可以避免尴尬。

②和交往不深的认识者见面,或者遇到陌生人又不想主动接触时,可通过点头致意表示友好和礼貌,同时可以避免一些不必要的交往和纠缠。一些场合不宜握手、寒暄,就应该用点头致意。如会议的迟到者,就不适宜与其他与会人员握手,打招呼。与落座较远的熟人,无法握手致意,只能用点头致意的方式。

③一些随便的场合,如在会前、会间的休息室,在上下班的班车上,在办公室的走廊上,是不必握手致意甚至鞠躬的,只要轻轻点头致意即可。

二、注目礼

(一)注目礼

注目礼泛指以目注视对方的见面礼节,也是军礼之一。行礼时身体直立,眼睛注视目标。

(二)具体做法

起身立正,抬头挺胸,双手自然下垂或贴放于身体两侧,笑容庄重严肃,双目正视被行礼对象,或随之缓缓移动。在升国旗、游行检阅、剪彩揭幕、开业挂牌等情况下,适宜用注目礼。

(三)注意事项

注目礼是比较庄重的礼节。学校上课,老师走进教室,学生应全体起立并向老师行注目礼——目视老师并呈立正姿势,目送老师走上讲台,直至老师还礼。其他如升国旗、受检阅、受接见等场合,均应行注目礼。在只有两个人的场合,或虽有多人在场但两人存在某种关系的情况下,注目礼的作用不很明显,或者说不宜使用。因为这种情况下的注目无异于盯视,已经失去了其本来的作用,这时应采用其他礼节形式。

三、举手礼

（一）举手礼

最早是在古时候,当双方为了讲和不再打仗时,都将面甲取下,表示友好,后来演变成了今天的举手礼。

（二）具体做法

右臂向前方伸直,右手掌心向着对方,其他四指并齐、拇指叉开,轻轻向左右摆动一两下。手不要上下摆动,也不要在手部摆动时用手背朝向对方。

（三）注意事项

①全身直立,面带微笑,目视对方,略微点头。
②手臂轻缓地由下而上,向侧上方伸出,手臂可全部伸直,也可稍有弯曲。
③致意时伸开手掌,掌心向外对着对方,指尖指向上方。
④手臂不要向左右两侧来回摆动。

（四）挥手道别

挥手道别也是人际交往中的常规手势,采用这一手势的正确做法是:
①身体站直,不要摇晃和走动。
②目视对方,不要东张西望和眼看别处。
③可用右手,也可双手并用,不要只用左手挥动。
④手臂尽力向上前伸,不要伸得太低或过分弯曲。
⑤掌心向外,指尖朝上,手臂向左右挥动;用双手道别,两手同时由外侧向内侧挥动,不要上下摇动或举而不动。

四、鞠躬礼

（一）鞠躬礼

"鞠躬"起源于中国,商代有一种祭天仪式"鞠躬":祭品牛、羊等不切成块,而将整体弯卷成圆的鞠形,再摆到祭处奉祭,以此来表达祭祀者的恭敬与虔诚。这种习俗在一些地方一直保持到现在,有的地方沿用这种形式来表达自己对地位崇高者或长辈的崇敬。

（二）具体做法

行鞠躬礼时面对客人,并拢双脚,视线由对方脸上落至自己的脚前 1.5 m 处(15°礼)或脚前 1 m 处(30°礼)或脚前 1.4 m 处(60°礼)。男性双手放在身体两侧,女性双手合起放在身体前面。

鞠躬时必须伸直腰、脚跟靠拢、双脚尖处微微分开,目视对方,然后将伸直的腰背,由腰开始,上身向前弯曲,如图 3.11 所示。

鞠躬时,弯腰速度适中,之后抬头直腰,动作可慢慢做,这样令人感觉很舒服。

（三）注意事项

鞠躬时若是戴着帽子的,应将帽子摘下。因为戴帽子鞠躬既不礼貌,帽子也容易滑

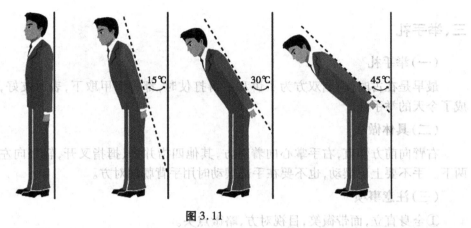

图 3.11

落,使自己处于尴尬境地。鞠躬时目光应向下看,表示一种谦恭的态度,不要一边鞠躬,一边试图翻起眼睛看对方。

五、拥抱礼

(一)拥抱礼

拥抱礼是流行于欧美的一种见面礼节。其他地区的一些国家,特别是现代的上层社会中,亦行此礼。

(二)具体做法

拥抱礼行礼时,通常是两人相对而立,各自右臂偏上,左臂偏下,右手环抚于对方的左后肩,左手环抚于对方的右后腰,彼此将胸部各向左倾而紧紧相抱,并头部相贴,然后再向右倾而相抱,接着再做一次左倾相抱。

(三)注意事项

欧洲人非常注重礼仪,他们不习惯与陌生人或初次交往的人行拥抱礼、亲吻礼、贴面礼等,所以初次与他们见面,还是以握手礼为宜。

六、乘车商务礼

商务乘车遵循的一个原则就是"把客人放在最安全的位置"。商务乘车座次的安排根据车辆的不同,座次的尊卑不同;也根据驾车人的不同,座位的尊卑也是不相同的。下面我们就从双排五座车的商务接待中来讲座次礼仪。注意事项如下:

①当主人亲自驾车时,若一个人乘车,则必须坐在副驾驶座上;若多人乘车,则必须推举一个人在副驾驶座上就座,否则就是对主人的失敬。

②根据乘车的基本常识,副驾驶座是车上最不安全的座位。因此,按惯例,在社交场合,该座位不宜请妇女或儿童就座。而在公务活动中,副驾驶座,特别是双排五座轿车上的副驾驶座,则被称为"随员座",专供秘书、翻译、警卫、陪同等随从人员就座。

③如果有个人习惯,要因人而异。最标准的就是客人坐在哪里,哪里就是上座。所以,不必纠正并告诉对方"您坐错了"。尊重客人的选择,就是商务礼仪中"尊重为上"的原则。

七、乘电梯礼

在现代社会中,电梯是人们用来缩短距离与提供工作效率的工具。新加坡前总统吴作栋在他发起的全民礼仪运动中强调,讲礼仪要从乘电梯这样的小事做起。一般乘电梯的礼仪包括:

等电梯时,要主动面带微笑颔首问安;进电梯时不争先恐后;要尽量不近靠他人和背对他人。

在电梯内正确的站法是:先进电梯者要靠墙而站,不要以自己的背对着他人,可站成"八"字形。看到双手抱满东西的人,可代为按钮。

与长辈、上司、女士同行,应礼让他们先进,并代他们按下欲往的楼层。值得一提的是,如果你与女士同行,他人礼让,并不表示也礼让你,要避免大大咧咧地率先而行。

有人按着电梯开门按钮对他人交代事情,偶尔为之可以理解,但一定要简单明了,事后记得向电梯内其他人道歉,如果一时说不清楚,不如搭乘下一班电梯,以免耽误他人时间。

【思考与练习】

1. 什么是点头礼?
2. 在注目礼中应注意哪些事项?
3. 鞠躬礼的具体做法是怎样的?
4. 实训:全班同学分小组练习点头礼、鞠躬礼、举手礼、注目礼、拥抱礼。
5. 乘坐商务车辆时如何选择合适的座位?
6. 模拟情境展示:由一名同学扮演服务生,5~6 名同学扮演上下电梯的客人,说说服务生应该如何为客人服务。

模块四　职场办公礼仪

本章针对初入职场的新人们从求职面试礼仪中留下良好的第一印象开始,到办公室接待礼仪中的待人接物、和同事友好相处,以及会展服务和销售礼仪等方面进行介绍。了解、掌握并恰当地应用职场办公礼仪有助于完善和维护职场人的职业形象,会使你在工作中左右逢源,使你的事业蒸蒸日上,做一个成功的职业人。

通过本模块的学习,你将能够:

◆知识目标:了解职场办公礼仪的基本概念与种类,能用其指导"职场办公礼仪"中的相关认知活动;熟悉求职面试、办公室接待、会展服务和销售中应注重的礼仪规范;掌握不同的方法、程序、时机、规矩和注意事项。

◆情感目标:运用本章理论与实务知识研究相关案例,培养职场服务的职业道德和健全职业人格的塑造。

◆技能目标:能撰写求职信;能正确运用办公礼仪;掌握推销的能力,培养综合素质。

任务一　求职面试礼仪

【案例探讨】

最好的介绍信

某公司的经理在报纸上登了一则广告,要雇一名勤杂工到他的办公室做事。有30多人闻讯前来应聘,但这位经理却挑中了其中的一位男青年。他的一位朋友问道:"你还没看他的自荐信,你为何聘他?"这位经理说:"他神态清爽,服饰整洁;在门口蹭掉了脚下带的土,进门后随手轻轻地关上了门;当他看见残疾人时主动让座;进了办公室,其他人都从我故意放在地板上的那本书上迈过去,而他却很自然地俯身捡起并放在桌上;他回

答问题简洁明了,干脆果断。这些难道不是他的最好的介绍信吗?"

讨论:我们在求职面试时,应该做好哪些方面的准备呢?

分析:这位男青年在第一次面试时就给经理留下了良好的第一印象,在精气神、着装、言谈举止等方面都做得很好,这难道不是作为一名办公室工作人员应具备的能力吗?

现代社会对每个人提出种种挑战的同时,也提供了各种各样难得的机遇,如何在竞争激烈的人才招聘中一举应聘成功,是每个应聘者必须认真思考的问题。因此,面对就业,中职生们在努力培养良好的专业技能的前提下,还要学习掌握面试的一些惯例与求职的技巧,熟悉求职面试中的礼仪、礼节,使自己在求职面试中获得成功。

求职面试礼仪是指发生在求职过程中的一种社交礼仪,即求职者在求职过程中与招聘单位接待人员接触和走向工作岗位时,应该表现出的言谈举止和仪表规范。它具体体现在求职者的仪容、仪表、仪态,以及应聘的书面材料上,这也是求职者整体素质的表现。

一、求职面试的准备

(一)早作职业规划

职业规划是针对职业困惑、面向职业发展的一系列计划安排和落实的统称。每位求职者都应进行认真的职业规划,分析自己的特点和长处,找出自己的优势所在,同时还要分析职业和社会的发展趋势。

(二)拓展人际关系

努力拓展你的人际关系网,利用人际关系可以寻找就业线索。同时,通过拓展人际关系,可以培养你的人际交往能力。任何一个单位都愿意要一个能够与大家和睦相处的员工。

(三)搜索用人单位信息

用人单位的信息主要通过大众传播媒介获得,如报纸、广播、电视、网络等。求职者也可以到用人单位拜访,或借助亲朋好友、熟人了解用人单位信息并详细调查了解该单位的发展前景、人际关系、所聘职务、上班时间、服务地点、薪酬待遇等信息,从而为自己选择就业单位提供帮助。

(四)积累应聘实力

应聘任何工作都应该具备该工作所需的基本素质和专业技能。基本素质一般包括知识素质、品德素质、心理素质和体能素质;专业技能是指从事该工作的职业素养和职业技能。所以,应聘前要努力提高自己的基本素质和专业技能,为应聘工作作好准备。

(五)撰写简历

简历应针对所应聘的工作,将相关经验、业绩、能力、性格等简要地列举出来,以达到推荐自己的目的。简历并没有固定的格式,对于社会阅历较少的中职生,简历主要包括以下基本资料。

①个人基本资料:包括姓名、性别、出生年月、家庭住址、政治面貌、身高、视力、健康

状况等。

②学历:列举学历的顺序一般从中学起,一直到最后的学历。学习成绩、参加技能大赛的获奖情况、获得的奖学金或其他荣誉称号等可一一列出。

③社会工作:主要把自己在学校期间担任的学生干部的工作情况、从事课外活动的情况和社会实践活动经历详细列出。这在一定程度上可以反映你实际工作的能力、管理能力和社会活动能力。

④勤工俭学的经历:勤工俭学能够显示你的意志、吃苦精神,给人以勤奋负责、积极的印象。

⑤特长:特长主要是指特别擅长的技能或特有的工作经验,但在求职中,主要指写作水平、所学专业水平、计算机能力等方面的特长。

⑥联系方式:主要是将联系地址、邮政编码、手机号码等写清楚。

(六)外表修饰

外表是应聘的敲门砖。虽然应聘者的五官相貌很难改变,但是其穿着打扮、风度气质、言谈举止是可以通过训练来改变的。

应聘者的基本外表形象,要求服装合体、搭配合理、色调和谐整洁。女性要特别注意端庄、干练,不要浓妆艳抹,尽量化淡妆;男士不要留长发,面部干净光洁,神采奕奕;服装应视场合而定,正规场合一般要穿西装、打领带,表现出的形象越职业越好。

【做一做】

请为自己设计三封不同岗位面试的求职介绍信。

二、面试的程序和方式

(一)面试的基本程序

一般来说,面试需要经过以下基本程序,如图4.1所示。

(二)面试的基本方式

①不考即考测试:在没有言明或没有任何迹象表明是在考试的情况下,考试早已开始了。

②即席发言测试:面试官给应聘者一个题目,并在应聘者发言之前向应聘者提供有关的背景材料,让应聘者稍做准备后按题目要求进行发言。

③明暗结合测试:在当面测试的同时进行暗中测试。

图4.1

④与人谈话测试:通过让应聘者与他人谈话的方式来考查应聘者。与人谈话测试一般有三种类型:接待来访者、电话交谈、拜访有关人士。

⑤设计路障测试:在应聘者面试时必经的路道上或在面试过程中故意设计一些有路

障的题目,通过观察应聘者经过路障时的各种表现来测试应聘者的素质的一种方式。

⑥事实判断测试:给予应聘者少量的有关某一问题的资料,要求他对这一问题作出全面的分析。

⑦角色扮演测试:设计一系列尖锐的人际矛盾与人际冲突,要求应聘者分别扮演不同的角色,去处理各种问题和矛盾。测试应聘者的角色把握能力、处理人际关系的技能,以及对突发事件的应变能力等。

⑧编组讨论测试:将应聘者编成一个或几个不同的小组,每组4~8人,要求他们讨论某些有争议的问题或实际经营中存在的某种困难,如征收利息税问题等,讨论后形成一致意见,以书面形式汇报讨论结果,每个组员都要求在书面汇报上签字。

⑨面谈模拟测试:让应聘者与他的假定的某个领导、下属、同事或顾客进行面对面的谈话,目的是考查应聘者的口头交流技巧、处理人际关系的能力,以及解决问题的能力等。

⑩即兴聊天测试:表面上看似乎与传统的一问一答面试方法相差无几,但在实际上却有很大的区别。看上去很随和,应聘者几乎感觉不到是在面试,反而感觉是在拉家常。在这种拉家常的轻松气氛中,会将应聘者考查个透。例如,有个报考民政部门的女士没有被录用,就是因为她在回答"如果在乡村公路上遇到一个很脏很穷的残疾人向你要钱,你怎么办"的问题时,她说:"我会马上离开,因为当时我无法了解这个人,他有可能是一个歹徒。"面试官认为她没有同情心,只有防备心理而失去了机会。

在实际面试过程中,面试官可能只采取一种面试方式,也可能同时采用几种面试方式,对此,应聘者要有充分的准备。

三、面试过程及礼仪

(一)见面礼仪

见面是面试的开始。见面礼仪是双方交流的开端,要做到以下几点:

①严格守时。应聘者在接到招聘方的面试通知后,务必提前到达面试地点,至少也要给自己留足20 min 的时间,以应对突发情况、调整心情、熟悉环境。如果确实有迫不得已的原因,或中途有意想不到的事情发生而不能准时前往面试,要向招聘方解释清楚,并征求对方意见,询问是否可以重新安排面试。

②礼貌通报。应聘者在进入办公室前,应敲门三下(或按一下门铃),得到允许后,方可推门进入,大方地走到面试官面前,表情自然,动作得体。在对方没有请你入座之前不要主动坐下。

③主动问候。进入面试的办公室后,应聘者的形象、言谈举止自此开始接受面试官的评判,应该说真正的面试就开始了。从这时起,应聘者应当立即进入角色。首先要面带微笑,向面试官点头致意,主动向面试官问好。例如:"您好,我是×××,是来参加面试的。"如果事前能够通过各种途径准确了解面试官的姓名及职务,在刚见面时,在对方没有作介绍的情况下,若能主动而准确地称呼对方,无疑会给对方一个惊喜,使面试官认可你收集资料的能力和办事效率,可以给自己赢得宝贵的印象分。

④见面握手。见面时要在点头致意或问候的同时握手,但应聘者不可先伸手,要等主面试官先伸手(应聘者是女性的例外)。握手要坚定有力、热情大方。

⑤面带微笑。笑容是所有身体语言中最直接有效的一种方式。微笑可以缩短人与人之间的心理距离,为深入沟通交流创造温馨和谐的氛围。在面谈中,应聘者应把握每次机会以展示自己自信、自然的笑容,给人亲切和有礼貌之感。

⑥服饰得体。在求职面试活动中,面试官首先是通过应聘者的仪表来认识对方的。应聘者要做到衣着整洁朴素、仪态自然大方,这是树立自己形象的需要,也是对他人的尊重。

(二)自我介绍礼仪

自我介绍是推销自己的关键。主题鲜明、彬彬有礼、恰到好处的自我介绍是成功的基本保证。

①目标明确。自我介绍一定要简明扼要、主题突出。特别要注意按招聘方的要求组织介绍材料。要针对所求职业的不同,或用人单位的要求,重点介绍相应的能力、特长、性格等。

②真实生动。介绍要实事求是,不要胡编乱造;要用简洁生动的语言陈述自己的基本情况和能力。

(三)应答礼仪

求职面试的核心是应答,应聘者必须对自己的谈吐加以把握。应做到以下几点:

①诚实坦率。回答主面试官问题时应诚实坦率。在面试中遇到自己实在不懂的问题,应坦诚地回答:"这个问题我没有思考过,不会回答。"这样反而可给主面试官留下诚实的印象。主面试官有时会出其不意地提出一些敏感的问题,在你没有任何准备的薄弱领域单刀直入,如果此时躲躲闪闪,甚至临时编造谎言,立即会给人不可靠的感觉。因此要注意诚实坦率、实事求是。

②认真聆听,谨慎多思。面试过程中,当主面试官发问时,应聘者应很快转动脑筋认真思考,弄清对方发问的目的后再回答。面试中,主面试官往往会把真实的意图隐藏起来,应聘者在倾听时,就要仔细、认真地品味对方的言外之意、弦外之音;还要察言观色,谨慎多思,迅速作出正确的判断,及时调整应答,做到想好了再说。

③适度提问。面试快结束时,大多数主面试官对于比较满意的应聘者,都会给予提问权,了解应聘者的疑问,让双方解除最后的疑虑。应聘者提问时应注意:不要提出过于注重个人利益的问题,也不能提出能从企业网络或其他途径就能找到答案的问题。如果提问,所提问题应能让对方知道你在面试中或面试前是认真思考过的,是有所准备的。

(四)告辞礼仪

主面试官示意面试结束时,最好适时地结束面试。出于对应聘者的尊重,以及对自身和单位形象的考虑,主面试官往往会使用间接的、委婉的方式结束面试,如他们可能对本次面试做一个小结,也可能说一些尽管迂回但意图明确的结束语。例如,"感谢你参加本次面试,希望你对我们的面试工作满意。""不管结果如何,我们会尽快通知你。""我们

会仔细考虑你的情况,很高兴认识你。"听到这些话,应聘者应大方得体地告辞离开。

告辞时,应聘者应保持微笑、自然站立,把刚才坐过的椅子扶正,为占用主面试官宝贵的时间而致谢,并与主面试官道别。例如,"非常感谢各位领导给了我这次宝贵的面试机会,我为有幸参加这次面试感到高兴,再见!"然后整理好物品,开门退出,并轻轻关好门。

面试两天后,最好给招聘人员打电话表示谢意,不要急于打听面试结果,应耐心等候消息。如果没有被录用,也应保持良好的心态并再次表示感谢。

四、面试过程中的注意事项

(一)见面礼仪的注意事项

①面试前,不喝酒,不吃有异味的食物。

②面试时,不要抽烟,不要嚼口香糖。

③面试时,不要带陪伴。

④面试中,不要拖拉椅子,发出很大声响。不要一屁股坐在椅子上或半躺半坐,也不要跷起二郎腿。女同志还要注意不要将双膝分开。

⑤面试时,不要弯腰驼背。

⑥面试时,不要将脚或腿不自觉地抖动。

(二)自我介绍礼仪的注意事项

①不要因谈论个人故事而独占面试时间。

②作自我介绍时,不可用夸张的动作语言,不可使用主面试官听不懂的方言或行话。

③不要与主面试官过于随便,具备专业素养的主面试官,最忌讳应聘者套近乎。

④作自我介绍时,对自己的成就、特长、技能要适可而止,不要大谈特谈。

⑤在自我介绍中,对个人职业发展规划要全面,不要只有目标,没有思路。

(三)应答礼仪的注意事项

①在面试应答中,不要抨击以前的领导或单位。

②在面试应答中,不要隐瞒弱点。

③在面试应答中,不要错过提问的机会,也不要出现冷场,更不能用简短的"是"或"不是"回答问题。

④与主面试官谈话不要高声,不要争论。

⑤当主面试官提出一些不合适的问题时,不能意气用事,或说出不礼貌的言辞,应婉言拒绝回答。

⑥谈话时,不要轻易转变话题,不抢话头,不连珠炮似的发问,更不要轻率地下结论、开玩笑。

⑦面试时,要经常和主面试官视线接触,不要皱眉头或东张西望。

⑧面试中,不要针对薪酬讨价还价。

(四)告辞礼仪的注意事项

①面试结束时,不要因为成功的兴奋或失败的恐惧而语无伦次、手足无措。

②不要过早地打听面试结果。

【思考与练习】

参加一次当地的招聘会,你应该如何准备?

任务二　办公室接待礼仪

【案例探讨】

秘书小董是某技工学校文秘专业毕业的学生,参加工作后,他虚心好学,把老秘书接待来访的过程认真记在心里。在接待方面,特别注意迎客、待客、送客这三个环节,力求使来访者感到满意。

一天,办公室来了一位下级单位的工作人员。刚听到叩门声,小董就赶紧放下手中的工作,说了声"请进",同时起身相迎。来客进屋后,小董并未主动与对方握手,而是热情地招呼对方:"请坐,请坐,你有什么事需要我帮忙吗?"小董的热情接待给对方留下了深刻的印象。

讨论:小董的做法符合办公室接待礼仪规范吗?

分析:客人来后,秘书应放下手中的工作,立即站起来迎接,将对方领进屋里。一个人在陌生的环境中容易紧张,对自己缺乏信心,总感到自己处在不利的地位,这时,秘书简单地招呼一声"您好""您有什么事需要我帮忙吗",很快便会打消客人的拘谨。一般情况下,秘书不要主动与来访者握手,除非来访者非常重要或年事已高。如果对方主动伸出手来,秘书则应趋前握手,并问候对方:"您好。"案例中秘书小董的做法符合接待礼仪的要求。

办公室接待礼仪是指接待人员在办公室执行公务、办理公事时所应遵守的行为规范和准则。办公室是单位人员工作的地方,是人生的重要舞台,而且也是与同事朝夕相处的地方,所以这里的每个人都应表现出良好的行为举止、高度的责任心和职业的行为礼仪。拿破仑·希尔说:"世界上最廉价的,而且能够得到最大收益的一项品质就是礼节。"良好的礼仪不仅能树立个人和企业的良好形象,也关系到一个人的前程和事业发展。

一、办公室接待礼仪的类型

(一)日常接待

日常接待是指在人力、物力上不需要做特殊准备的接待工作,这种接待随时都有。

（二）隆重接待

这种接待需要在物质上作准备，人员上作调配。

但不论哪种接待，都是希望来访者乘兴而来，高兴而归。为达到这个效果，在接待过程中就要遵守平等、热情、友善、礼貌的基本接待工作礼仪规范。

二、接待的准备

接待是项细致而重要的工作，不管是日常接待还是隆重接待，迎客、待客、送客是其基本的礼仪环节。

办公室接待人员要做好各项接待工作，就要作好环境准备、物质准备和心理准备。办公室接待工作必须细腻、周到，达到宾至如归的理想境界。

（一）接待室的环境准备

接待人员应注意接待室的布置。接待室应布置得清洁、整齐、美观、明亮，让客人一走进来就感到这里的工作有条不紊、充满生机。

（二）接待室的物质准备

接待室应准备好座位、茶水，还应有一部电话，有条件的还应有复印设备、传真机、计算机等。为使接待室内显得生机盎然，可在窗台、屋角摆些盆景或花卉。若要使来访者打发等待的时间，可备一些书报杂志、单位介绍材料等。

接待场所的用品要精心准备，要求坚固耐用、美观大方、实用。

（三）接待人员的心理准备

接待礼仪的基本要素是"诚心"。待人接物应热情开朗、和蔼可亲、举止大方而灵活，克服那种"门难进、脸难看、话难听、事难办"的仪表举止。

优秀的接待工作人员还应有应对各种来客的心理准备。来访客人可以分为三类：

①直接关系的来客：客户、股东、单位内部高级人员等。

②间接关系的来客：税务、媒体记者等。

③与工作无关的来客：上司的朋友、宗教团体、员工家属等。

接待工作人员要在接待中对各类访客都能以机敏爽快、笑容可掬的态度处理好，使客人有"如沐春风"之感。

三、接待的基本礼仪规范

迎客、待客、送客是接待工作中的基本环节。负责接待的人员接待来访的客人，必须遵循礼貌、负责、方便、有效的原则。

①为客人介绍和引荐时，要有礼貌地用手示意，但不要用手指指点点，应简要说明被介绍人所在单位、职务及姓氏，如"这位就是××局刘局长，×××同志"。一般先把身份比较低、年纪比较小的介绍给身份较高、年纪较大的同志；把男同志先介绍给女同志。

②握手时同性之间的握手应当有力，以示热情友好；否则，会使对方产生冷淡、疏远的感觉。异性间的握手无须用力，只需要轻轻地握一下即可，如图4.2所示。

(a)同性握手

(b)异性握手

图4.2

握手应遵循的原则大致有以下几点：

a. 领导同志或身份较高的人先伸手。

b. 女性先伸手。

c. 如果客人有意同你握手，就应当主动把手伸过去；如果无意同你握手，则不要勉强。

③一般的问候，用于彼此不大熟悉或初次见面的人之间，可以说"你好""一路辛苦了"之类的话。特殊性的问候，用于彼此已相识、关系比较密切的人之间。如果关系一般，询问一下对方的工作、身体情况即可；如果关系比较密切，还可以询问一下对方的家庭情况。

问候时的称呼应注意：是领导同志则直接称呼姓加职务；一般同志就称呼姓或名；较熟悉的同志叫名更亲切。在外事活动中，对国外女性的称呼分夫人、太太、小姐、女士，没弄清对方是否已婚时，称女士或小姐为好。

④陪客人乘车时，接待人员要代客开车门，请领导或来宾先上车，而后自己再上车，待领导和来宾坐稳后再关门。下车时，要主动为领导或来宾打开车门，如图4.3所示。

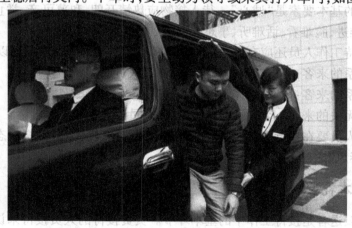

图4.3

⑤陪同客人行路，主陪通常应请客人位于自己的右侧，以示尊敬，自己并排走在客人的左侧；随同人员，应走在客人和主陪人员的后面或两侧偏后一点。

当走到拐弯处，应走到客人的左前方数步的位置，用手示意方向，同时礼貌地说："请这边走。"

在走廊的引导方法：接待人员在客人两三步之前，配合步调，让客人走在内侧。

上下楼梯的引导方法:上楼时,应该让客人走在前面,接待人员走在后面;下楼时,接待人员应走在前面,客人走在后面。上下楼梯时,接待人员应该注意客人的安全,一般客人走内侧、靠墙的一侧,接待人员走外侧、靠扶手的一侧。如果环境比较复杂,接待人员应该始终在前引路,走左还是右、走内还是外同上。

乘坐电梯的引导方法:乘坐电梯时,接待人员先进入电梯,按住"开"按钮,等客人进入后关闭电梯门,按目的楼层按钮。到达目的楼层时,接待人员按住"开"按钮,让客人先走出电梯。

四、待客规范礼仪

一般的来访,特别是有言在先的来访,敬茶是最起码的礼貌,如果有选择余地,应告诉客人都有哪些茶,以便征询他们的意见。

①倒茶的时候,要掌握好水的位置。民间有"浅茶满酒""茶洒欺人,酒满敬人"的说法,一般茶水倒至杯中七八分满就可以了。

②端茶要注意,要双手给来宾端茶。对有杯耳的杯子,通常是右手抓住杯耳,左手托住杯底,从来宾的右后方送上茶水。站到来宾右后方的时候说"对不起,打扰一下",放下茶后说"请用茶"或"请您用茶"。

③倒茶的顺序坚持客人优先。如果是多位来宾,就要依职位高低顺序,依次上茶。自己公司的成员也要按职位高低,先后上茶。

④续水时,如果是带盖的杯子,则要用左手的食指和拇指拿着茶杯盖子,右手倒茶。如果要将盖子放在茶几上,则要将盖口朝上。如果茶杯上有图案,则要将图案朝向客人一侧,茶杯盖上的图案要与茶杯的图案方向一致。如果使用一次性的杯子,最好同时使用杯托,对重要客人要使用有盖子的瓷杯,同一批客人都要使用同一种杯子。

⑤招待茶点时,最好把茶点放在托盘里,再送到客人面前或客人左前方。

【同步案例】

当来访客人走进某药业集团有限公司经理办公室时,张秘书正在办公桌前打印一份文件,他向客人点点头,并伸手示意请客人先坐下。10 min 后,他起身端茶水给客人,用电话联系好客人要找的部门,在办公桌前起身向客人道别,并目送其走出办公室。为此事,张秘书受到了办公室主任的批评。

讨论:张秘书这样做有何不妥?

分析:办公室主任之所以批评张秘书,是因为张秘书在此次接待工作中没能做到亲切迎客、热忱待客、礼貌送客,特别是连"出迎三步,身送七步"这一迎送宾客的最基本的礼仪也没有做到。

张秘书在接待来客中应做到:a. 起身迎客,问明来意。b. 伸手示意请客人坐下,并说"请稍候"。c. 尽快联系好客人要去的部门并具体说明如何去该部门。d. 将客人送出门口,握手道别。

五、送客礼仪

送客礼仪是接待工作的最后一个环节,客人要离开的时候,可以礼貌地进行挽留。送行的时候,最好由已经同客人熟悉的人士送。可以是同级别的,也可以是身份低一点的。

送别时应说"慢走""走好""再见""欢迎下次再来""合作愉快""祝一路平安""万事如意"等道别的话。

如果送客送到车站、码头,就要等车、船开动后消失在视线以外再离开;如送到机场,要等客人通过安检之后再离开。

【思考与练习】

1. 求职面试之前应作好哪些准备?

2. 面试时自我介绍要注意哪些方面?

3. 案例分析题。

某知名企业在招聘时,曾经设计过一道看起来不起眼的小题目,使许多自恃有高学历的"才子""才女"们纷纷落于马下。被通知在同一天下午来面试的20多位求职者坐满了会议室。这时候,一位捧着很多材料的工作人员进会议室艰难地拿了其他东西,出门时一不小心把材料掉到了地上,然后他极不方便地想弯下腰捡地上的东西。在他周围的这些求职者谁也没动,好像没看到一样。这时候,离这位工作人员最远的一位求职者过来帮他捡起了东西并开了门。约半小时后,求职者们被通知除了刚才那位帮忙捡东西的求职者外,其余人都可以回去了。

请问:这位求职者因什么而被录用?

（资料来源:杜明汉,刘巧兰. 商务礼仪:理论、实务、案例、实训［M］.北京:高等教育出版社,2014.）

任务三　会展服务礼仪

【案例探讨】

在第四届全球多媒体展览会上,一家泰国的多媒体展商费尽心机,将自己的展位布置得很气派,但却因参展服务人员不懂会展礼仪,解说笨拙,面无表情,所有职员无用武之地,最终门庭冷落,无人问津。而邻近展位的LG集团因有几位礼仪小姐出色的解说、大方得体的表演展示、资料礼品的有序派发而使展位门庭若市,吸引了很多人的眼球,最大限度地展现了公司的优势。同样是参加展览会,就因为会展服务礼仪做得不相同,最终的结果和收获也不一样。

讨论：会展服务人员应该具备哪些能力呢？

会展活动的礼仪接待是会展活动中一道亮丽的风景线，它已经融入活动的整个过程中，盛况空前的开幕式、气势宏大的闭幕式、隆重热烈的颁奖仪式等活动都离不开会展礼仪的参与。礼仪接待服务不仅能为会展活动顺利进行提供有益的引导，而且青春靓丽的礼仪小姐和活力四射的礼仪先生也给整个会展活动带来了勃勃生机。礼仪接待服务在很多场合中都需要，如会议室、贵宾室、会展场馆内、开幕式或闭幕式、新闻发布会、颁奖仪式现场等。礼仪接待的工作人员主要是从事贵宾接待、路线指引、资料派发、产品宣传以及接待或会议过程中的翻译服务。

一、会展礼仪的概念

会展礼仪，是指会议的主办方、承办方或相关工作人员，在会务接待过程中，对与会人员表现出的欢迎与尊敬的行为规范，按其接待过程可以分为会议准备、会间工作和会后结尾工作。良好的会展服务礼仪是企业品牌、信誉、服务水平的直接体现。

会展服务礼仪作为服务业的一种，除了具备普通服务业的一般原则外，还有自身行业的特征，因此，它具有以下一些特有的服务原则。

①准备充分，有备无患。会展工作人员要做好每一次会展的策划方案，落实每一项具体计划，考虑每一项服务细节，同时作好物质和思想上的准备，切实保障会展能够圆满完成。

②热情周到，观察入微。会展工作人员要学会在短时间内从与顾客的交流中准确了解对方的相关信息，如职业、身份、爱好等；也可发放一些纪念品来投其所好，拉近与与会者的关系。

③以人为本，礼貌先行。会展工作人员在策划宣传材料、设计活动主题或填写问卷调查时要多为顾客着想，尽量做到省时、省力、主旨明确，体现"以人为本"的思想。服务时彬彬有礼的举止、发自内心的微笑、大方得体的言谈会给宾客留下很深的印象，从某方面来说也展示了企业的形象。

④注重细节，安全第一。会展安全是会展成功的必要条件，所以会展工作人员应对各个可能出现安全问题的地方作及时排查，严防各类危害与会人员安全事故的发生。

会展服务礼仪的接待要求如下：

①安排有序。每个工作人员在活动过程中承担什么角色，要做什么样的工作都已事先确定，不能出现手忙脚乱、不知所措的现象。

②行为规范。所有参加礼仪接待服务的工作人员应按标准的商业行为规范来引导和服务客人，统一的服饰、统一的礼貌用语、统一的行走站立姿势、统一的商业礼仪训练，使客人感受到所有的人员都训练有素，是一支专业的服务队伍，如图4.4所示。

③态度真诚。可人的微笑，亲切的问候，细声的叮咛，耐心的解说……这些都是礼仪接待人员良好素质的表现，也是人们对礼仪接待服务的基本要求。同时礼仪接待人员应具备一定的应变能力和解说能力，能灵活应对客人提出的各种问题。

图4.4

④富有个性。根据会展活动的形式和内容,礼仪接待服务的形式也可以设计得富有个性和特色,通过礼仪接待服务来凸显会展活动的特色和主题。

二、会展中的服务礼仪

(一)会展接待前的策划安排

1. 明确会展活动的内容主题以及特色

不同性质的会展活动在表现形式上是不同的,如会议活动和展览活动,因此在接待服务的表现形式上也就有所差异。展览活动和大型节庆活动的礼仪接待服务的表现形式不同,有些活动需要热闹,有些活动需要安静。同样是展览活动,不同的主题和内容,其礼仪接待服务的要求也不同。例如,汽车展的礼仪接待服务可以比较活泼欢快,具有现代感;化妆品展的礼仪接待服务则可以时尚前卫一点。

2. 会展活动的程序安排以及具体的人员安排

了解会展活动的程序安排是进行礼仪接待人员配备的重要前提。如果会展活动的开幕式有重要嘉宾参加,还伴随有不同规模和场次的会议或讲座,会展活动参与人员的数量较多,这时就需要场馆管理者确定在什么时候、在什么地方、安排多少名礼仪服务人员,他们的主要工作任务是什么,在完成开幕式后,他们还需安排到哪里去服务。在安排礼仪接待服务时还要注意考虑如何提高服务效率。

3. 严格规范礼仪接待人员的素质和个性要求

策划礼仪接待服务时要考虑到服务的客人的类型和特点。如有较多国外嘉宾参加的会展活动,则安排的礼仪接待人员应有良好的文化修养和外语水平。如果是专业性较强的学术会议,还可以考虑安排该专业的大学生负责礼仪接待工作,既便于与会议代表沟通,又能使该专业的学生获得学习的机会。如果会展活动正式、庄重,则需要安排庄重、典雅的礼仪接待人员。

4. 准备活动过程中所需礼仪用品

如剪彩活动时所需的金色剪刀、绸布球、托盘、礼花等;签字活动中的文件及文件簿、签

字笔、葡萄酒等;舞狮表演时所需的点睛毛笔和墨水;颁奖仪式时所需的奖状、奖杯、奖牌、证书、锦旗、奖金信封、鲜花、吉祥物等;捐赠仪式所需的支票模型、捐献证书、鲜花等。这些礼仪用品什么时候使用,使用的顺序如何,都要事先与礼仪接待人员交代清楚,以防出错。

5. 挑选礼仪接待人员服装类型

在人们的脑海中,礼仪接待人员就是身材高挑、穿着红色长旗袍的礼仪小姐和迎宾小姐。其实,礼仪接待人员的着装形式可以是多样的,通过着装可以反映出会展活动的特色。例如,汽车嘉年华的礼仪小姐可以穿具有现代感和运动感的运动装;啤酒节的礼仪小姐则可以穿戴时髦、前卫、性感的超短裙,以彰显个性;商务谈判会议的礼仪小姐可以穿较为传统的职业套装,以显示庄重和谨慎。在服装的色泽上,也要考虑活动的主题色调,尽可能与现场的色调相协调。

在精心做好策划工作之后,就要开始对礼仪接待人员进行培训和模拟演练。培训的内容包括基本接待礼仪、会展活动的信息(包括活动主题、各专题活动、流程及时间表、场地布置、有关注意事项等)、各自的岗位分工和工作内容、突发事件的应变技巧、行为规范和标准训练等。如果会展活动的规模和档次较高,还要到现场进行模拟训练,以做好活动之间的衔接。

(二)报道接待礼仪

①查验证件。查验证件时需文明用语,如"请""您好""请出示证件""谢谢合作"等。查验的证件包括会议通知书、参展邀请书、单位介绍信、身份证和其他有效证件。

②登记信息。

③接收材料。热情、认真地讲明接收材料的目的和作用。对接收到的材料,要进行审查后再统一分发,并确保无误。

④发放文件。会议文件应按保密要求分类发放和管理。

⑤费用收取。安排财会人员到报到现场,预收费用,并开具收据、发票。

(三)签到服务礼仪

1. 表式签到

内容包括:标题,如××会议签到表;会展活动名称;主办单位;举行时间、地点;应到单位或应到人名称。

2. 电子签到

电子签到基于计算机技术、通信技术、身份识别技术及多媒体互动技术,是网络科技开发的一项"凭证"类的移动数据业务新产品。它实现了会议的"无纸化、高效、便捷和互动",使参会嘉宾充分感受到"高效、创意、尊贵"。它充分支持了时下最为倡导的"低碳、环保"行动。目前常见的电子签到方式有:条形码签到、磁卡签到、IC卡签到、多媒体签到和二维码签到等。

其特点是:快速签到,方便快捷;实时同步显示,自动验证;把互动元素人性化融入会议;安全性、可靠性高;内嵌客户关系管理系统;入住信息、签名照片现场打印;对数据深加工,可直接提交报表给举办方。

（四）现场引导人员的服务礼仪

①熟悉、了解会场的布局及线路。

②为客人引路、指路。引导客人到预定的席位或展区。

③照顾与会者入场与退场。

④了解并解决客人的困难。

⑤对会展活动的设施、安排作适当讲解。要求：吐字清楚，普通话标准，讲解恰当。

【思考与练习】

如何接待性情古怪的顾客？

任务四　销售礼仪

【案例探讨】

顾客真的是上帝吗？

人物：妈妈、儿子、服务员

地点：某大卖场

背景与情境：

儿子：妈妈，我要的电子词典在哪儿呀？

妈妈：我也不知道，这里太大了，方向都搞不清楚，问服务员吧！请问，电子词典在哪儿卖呀？

服务员：在二楼。

妈妈：二楼怎么走？

服务员：前面左转。

妈妈：哪个前面啊？

服务员：你往前走看指示不就知道了。

妈妈：你就不能说清楚点吗？我要是知道，谁还问你呀！真是的！

（资料来源：林雨荻. 跟我学礼仪[M].北京：北京大学出版社，2006.）

讨论：假如你是那位服务员，你将怎样做？

一、整体要求(图4.5)

图4.5

①身体整洁:保持身体整洁无异味。

②容光焕发:注意饮食卫生,劳逸结合,保持精神饱满。

③适量化妆:女性必须化淡妆。

④头发整洁:经常洗头,做到没有头屑,男性不得留胡须。

⑤口腔清新:保持口腔清新,无异味。

⑥双手整洁:勤剪指甲,经常洗手,保持双手卫生。

⑦制服整齐:制服常换洗,穿着要整齐,皮鞋要擦亮。

二、销售人员基本礼仪——言谈举止

(一)站姿

①躯干:挺胸、收腹、紧臀、颈项挺直、头部端正、微收下颌。

②面部:微笑、目视前方。

③四肢:两臂自然下垂,两手伸开,手指落在腿侧裤缝处。特殊营业场所两手可握在背后或两手握在腹前,右手在左手上面;两腿绷直,脚间距与肩同宽,脚尖向外微分。

(二)坐姿

①眼睛直视前方,用余光注视座位。

②轻轻走到座位正面,轻轻落座,避免扭臀寻座或动作太大引起椅子乱动及发出响声。

③当客户到访时,应该放下手中的事情站起来相迎,当客户就座后自己方可坐下。

④造访生客时,坐在座椅前1/3位置;造访熟客时,可坐在座椅的2/3位置;不得靠倚在椅背上。

⑤女士落座时,应用双手将裙子向前轻拢,以免坐皱或显出不雅。听人讲话时,上身微微前倾或轻轻将上身转向讲话者;用柔和的目光注视对方,根据谈话的内容确定注视时间长短和眼部神情,不可东张西望或显得心不在焉。

⑥两手可放在两腿间或平放桌面,不要托腮,不要玩弄任何物品或有其他小动作。

⑦两腿自然平放,不得跷二郎腿,男士两腿间距可容一拳;女士两腿应并拢,脚不要踏拍或乱动。

⑧从座位上站起,动作要轻,避免引起座椅倾倒或发出响声,一般从座椅左侧站起。

⑨离位时,要将座椅轻轻抬起,再轻轻落下,忌拖或推椅。

(三)行姿

①行走时步伐要适中,女性多用小步,切忌大步流星,严禁奔跑,也不可脚擦着地板走。

②行走时上身保持站姿标准。大腿动作幅度要小,主要以向前弹出小腿带出步伐。

③走廊、楼梯等公共通道,员工应靠右而行,不宜在走廊中间大摇大摆行走。

④几人同行时,不要并排走,以免影响客户或他人通行。

⑤在任何地方遇到客户,都要主动让路,不可强行。

⑥在单人通行的门口,不可两人挤出挤进。遇到客户或同事,应主动退后,并微笑着作出手势"您先请"。

⑦在走廊行走时,一般不要随便超过前行的客户,如需要超过,首先应说"对不起",待客户闪开时说声"谢谢",再轻轻穿过。

⑧和客户、同事面对面擦过时,应主动侧身,并点头问好。

⑨工作时不得做怪脸、吐舌、眨眼、照镜子、涂口红等,不得将任何物件夹于腋下。

⑩整理衣服或头发时,请到洗手间或客户看不到的地方。

(四)言谈

①与人交谈时,首先应保持服装整洁。

②交谈时,用柔和的目光注视对方,面带微笑,并通过轻轻点头表示理解客户谈话的主题或内容。

③他人讲话时,不可整理衣装、拨弄头发、摸脸、挖耳朵、抠鼻孔、挠痒、敲桌子等,要做到修饰避人。

④不得以任何借口顶撞、讽刺、挖苦、嘲弄客户,不得与客户争辩,更不允许举止鲁莽和语言粗俗。

⑤严禁大声说笑或手舞足蹈。

⑥客户讲话时不得经常看手表。

⑦有3人以上交谈时,要使用三人均听得懂的语言,不能用"他"指人,应呼其名或"某先生"。

⑧不得模仿他人的语言、语调、手势或表情。

⑨不管客户态度如何都必须以礼相待,不管客户情绪多么激动都必须保持冷静。

⑩如确有急事或接电话而需离开面对的客户时,必须说"对不起,请稍后",并尽快处理完毕。回头再次面对客户时,要说"对不起,让你久等了",不得一言不发就又开始服务。

【小贴士】销售小妙招

第一种:借力打力。

借力打力原本是打太极拳的秘诀之一。例如,对一些非常有意向购买的顾客,当我们在价格或者其他什么问题上卡住的时候,我们常常会请出店长来帮忙。一来表明我们确实很重视他,领导都出面了;二来谈判起来比较方便,只要领导再给他一点小实惠,顾客一般都会买单。当然,如果领导不在,随便一个人也可以临时客串一下领导。关键是要满足顾客的虚荣心和爱贪便宜的心理。

第二种:化整为零。

化整为零是专门针对价格异议的一招,是指在客户认为价格太高、一次付款太困难的情况下,营销人员可以和客户一起计算,把较高的价格按照分期付款和贷款的方式来计算,这样客户就比较容易接受价格了。

第三种:巧问为什么。

这一招用起来很简单,就是当客户拒绝购买时,一定要多问几个为什么。向客户问为什么的真正意图在于:在询问中了解客户拒绝购买的真正原因,从而对症下药地说服客户重新来购买。

第四种:百挑不厌,百问不烦。

案例:一天,一位顾客来到商场选围巾,试了一条又一条,总觉得不够完美,实习导购员热情周到地为顾客推荐、试戴,虽然对商品知识的掌握和介绍不够深入,但是从态度上却十分耐心和热情。顾客试了十五六条时,终于选定了其中的一条,她很喜欢地说:"就这条吧,你帮我……"话没说完,顾客突然停住了,眼睛盯着标签说:"不好意思,我试了那么多,才买了你们一条17元的,要不我再选条贵的吧,买两条。"实习导购员真诚地说:"您不必觉得过意不去,为您选到合适的商品是我们应该做的,那条17元的围巾真的很适合您,您可以先买回去试试,如果不满意或者确定还需要再买那条贵的再买也不迟。"顾客听了激动地说:"信誉楼的服务真好,我再买围巾还会来你们这儿的。"

实习导购员入店时间很短,也许商品知识并不丰富,导购技能也不娴熟,但是她们的服务态度始终热情主动,做到了百问不烦、百挑不厌,结果同样赢得了顾客的认可和感动。

三、销售人员的基本礼仪——拜访礼仪

除了产品介绍以外,销售人员在拜访客户中的一些细节处理,对销售的成功率也有重要影响。

①着装正式。穿正式的服装既能体现你对客户的尊重,又能体现自己的专业性。

②使用"敬语""谦语""雅语"。敬语是表示尊敬、礼貌的词语,如"您""久仰""包涵""拜托""高见"等;谦语是向人表示谦恭和自谦的词语,如"请恕在下愚钝";雅语是指一些文雅的词,给人以彬彬有礼之感。

③拜访中将电话调成静音,尽量不要打接电话,如果是重要电话,可表示抱歉后到外面接听,并迅速挂断。否则会给拜访对方的感觉是"好像电话里面的人比我重要"。

④用"我们"代替"我"。销售人员在说"我们"的时候会给对方一种心理暗示,销售人员和客户是一起的,是站在客户的角度思考问题的,这样会比较亲近。

⑤谈话不要自顾自说。有些销售人员思路敏捷,口若悬河,说话不分对象,像机关枪一样节奏非常快。如果碰到年纪比较大的客户,他们的思路就会跟不上,根本不知道你在说什么,容易引起反感。所以在与客户进行交谈的时候,一定要根据客户的谈话风格和节奏来调节自己的说话节奏,使客户感觉到你对他的尊重。

除此以外,在销售拜访时还要注意以下细节:

①提前约定时间。在拜访客户的过程中,为了取得成功,往往需要与客户进行三番五次的沟通。如果有重要事情要拜访客户,必须提前约定好时间,才能保证拜访计划的顺利进行。

②把时间花在决策人身上。拜访的目的是达成协议,而达成协议的决定权一般在决策人手中,所以拜访的时候必须把时间花在决策人身上。当然,也不排除其他人员的辅助作用,但主要精力还是要放在决策人身上,这样拜访的效率才会大大提高。

③节约客户的时间。每个人的时间都很宝贵,对于你的客户来说也许是某些领导或经理,他们的时间更为宝贵,在拜访过程中一定要节约他们的时间。否则下次拜访就不会再有了。

【同步实训】

实训内容:推销手机

实训要求:

①分小组各选一个品牌的手机。

②各组推选一名优秀的推销员进行推销。

③顾客由老师选定(假设身份),他可以提出各种疑问和拒绝的理由。

④时间不超过8 min。

⑤"推销至顾客主动购买,用时最短"的小组胜出。

实训准备:

①各组准备一款手机。

②了解、熟悉手机的功能、质量、操作等细节。

③对顾客的身份、工作、经济条件要有所了解。

考核要点:

①用语是否规范,有没有技巧。

②每个阶段的设计内容是否新颖。

③是否推销成功。

【思考与练习】

　　有人说优秀的推销员就是向乞丐推销防盗门、向和尚推销生发精、向秃顶的人推销梳子、向盲人推销电灯泡的人。

　　请问：同学们是否认同此观点？

模块五　职场用语礼仪

语言是职场沟通与交流的重要手段和工具，客人的满意度很大程度上取决于职场工作人员的语言表达能力。我们驾驭语言的能力越强，传递信息的障碍就越小，客人满意的程度就越高。通过本章的学习，让我们的职场用语能达到文明、准确、得体、流畅、灵活。

通过本模块的学习，你将能够：

◆**知识目标**：深刻认识职场语言的重要性，了解职场语言的分类、功能，理解并掌握职场语言的禁忌以及使用方法。

◆**情感目标**：初步形成正确的职场用语观，注重职场语言在社交活动和职场中的功能，形成自觉、注重、合理使用职场语言的态度。

◆**技能目标**：掌握职场语言的使用方法，并能将其熟练运用到工作和社交活动中。

任务一　职场语言

【案例探讨】

一海外客商到某公司商谈合资办厂事宜。公司经理在会客室专门守候，并准备了烟、茶、水果。客商进了公司大门后，迎候在门厅的经理秘书和客商握过手后指了指二楼说："我们经理在上面等你，叫你上去。"客商一听，当即愣了一下，心想：他叫我上去，我是你们公司的合作贵宾，又不是你下属，凭什么如此对待一个前来跟你们谈合作项目的客人？于是这位客商说："贵公司如果真有合作诚意，请叫你们经理到我住的酒店去谈吧。"说完拂袖而去。

讨论：本案例中的经理秘书之所以让客方拂袖而去，是因为有哪些地方做得欠妥？

应该怎样说?

一、职场语言的分类

(一)问候用语

标准式问候用语的常规做法是:在问好之前,加上适当的人称代词,或者其他尊称,如"你好""您好""大家好"等。

(二)欢迎用语

常用的欢迎用语有"欢迎""欢迎光临""欢迎您的到来""见到您很高兴""恭候您的光临"等,往往离不开"欢迎"一词。但在客人再次到来时,可在欢迎用语之前加上对方的尊称,如"先生,真高兴再次见到您""欢迎您再次光临"等,以表明自己尊重对方,使对方产生被重视之感。

(三)送别用语

常用的送别用语主要有"再见""慢走""走好""欢迎再来""一路平安"等。需要注意的是:送别乘飞机的客人忌讳说"一路顺风"。

(四)请托用语

请托用语是指在请求他人帮忙或是托付他人代劳时的用语。在工作岗位上,任何服务人员都免不了可能会有求于人。在向客人提出某项具体要求或请求时,都要加上一个"请"字。

(五)致谢用语

致谢用语一般为"谢谢""感谢您的帮助"等。致谢的几种情况:一是获得他人帮助时;二是得到他人支持时;三是赢得他人理解时;四是感到他人善意时;五是婉言谢绝他人时;六是受到他人赞美时。

(六)应答用语

常用的应答用语主要有"是的""好""很高兴能为您服务""好的,我明白您的意思""我会尽量按照您的要求去做"等。一般不允许对客人说一个"不"字,更不允许对其置之不理。

(七)推托用语

拒绝别人也是一门艺术。在工作中有时也需要拒绝他人,此时必须语言得体,态度友好,不能直言"不知道""做不到""不归我管""问别人去"等。

(八)道歉用语

常用的道歉用语主要有"抱歉""对不起""请原谅"等。

二、职场用语忌语

在职场中,我们必须杜绝以下四类忌语:

①不尊重之语——例如,面对残疾人时,切忌使用"残废""瞎子""聋子"等词;对体

胖之人的"肥",个矮之人的"矮",都不应当直言不讳。

②不友好之语——不够友善,甚至满怀敌意的语言。如:滚、滚出去、再也不想看见你。

③不耐烦之语——在服务工作中要表现出应有的热情与足够的耐心,要努力做到:有问必答,答必尽心;百问不烦,百答不厌;不分对象,始终如一。假如使用了不耐烦之语,不论自己的初衷是什么,都是属于犯规的。

④不客气之语——如在劝阻服务对象不要动手乱摸乱碰时,不能够说"别乱动""弄坏了你得赔"等。

三、职场语言的基本原则

职场语言的基本原则:少说多听、用语文明、语言准确。

(一)少说多听

所谓"智者善听、愚者多说",职场人士应当多听少说。要说也要想想哪些可以说,哪些不能说。可以说的要态度热情友好,说得有特点,要言之有礼、言之有趣、言之有物、言之有度。不能说的就不说、少说,多听对方说。

(二)用语文明

在职场人际交往中,语言文明是交往中必不可少的条件。不使用粗话、脏话、黑话、荤话、怪话、气话等,给人以讲文明、有修养的印象,能在人际关系中起到非常重要的作用。不同情境和不同场合使用的文明用语可以参照下面的礼貌用语"七字诀"。

常用礼貌用语七字诀

与人相见说"您好"	问人姓氏说"贵姓"	问人住址说"府上"
仰慕已久说"久仰"	长期未见说"久违"	求人帮忙说"劳驾"
向人询问说"请问"	请人协助说"费心"	请人解答说"请教"
求人办事说"拜托"	麻烦别人说"打扰"	求人方便说"借光"
请改文章说"斧正"	接受好意说"领情"	求人指点说"赐教"
得人帮助说"谢谢"	祝人健康说"保重"	向人祝贺说"恭喜"
老人年龄说"高寿"	身体不适说"欠安"	看望别人说"拜访"
请人接受说"笑纳"	送人照片说"惠存"	欢迎购买说"惠顾"
希望照顾说"关照"	赞人见解说"高见"	归还物品说"奉还"
请人赴约说"赏光"	对方来信说"惠书"	自己住家说"寒舍"
需要考虑说"斟酌"	无法满足说"抱歉"	请人谅解说"包涵"
言行不妥"对不起"	慰问他人说"辛苦"	迎接客人说"欢迎"
宾客来到说"光临"	等候别人说"恭候"	没能迎接说"失迎"
客人入座说"请坐"	陪伴朋友说"奉陪"	临分别时说"再见"
中途先走说"失陪"	请人勿送说"留步"	送人远行说"平安"

(三)语言准确

在职场交往中,语言表达要准确,否则不利于各方面之间的交流。要注意的问题主

要有:

1. 发音标准

在职场用语中,发音要标准,首先不能发错音,以免让人误会或见笑;其次发音要清晰,要让人听得一清二楚,语速不要过快或过慢,更不要口齿不清,含含糊糊。

2. 慎用外语

在一般性质的交谈和交流中,应使用普通话交流。若无外宾在场,最好慎用外语,避免造成卖弄之嫌。

3. 少用方言

在公共场合,应用标准的普通话,尽量不用方言、土话,即使多人交流中只有一人听不懂,也不要采用方言、土话交流,避免让人产生被排挤、冷落的感受。

【思考与练习】

请思考下列场景中各语句所表达的语意,找出你认为在职场语言中合适的用语。

场景一:

a. 请您帮我看一下这份文件,好吗?

b. 你给我看一下文件。

场景二:

a. 把桌子搬开,我要过去

b. 请你把桌子搬开,让我过去,好吗?

场景三:

a. 这件事肯定是你弄错了!

b. 这件事可能是你弄错了!

场景四:

a. 这个事情不会做吗? 有什么不会的你问我吧。

b. 这个事情这么简单你都不会做,你不觉得丢人吗?

任务二 问候礼仪

【案例探讨】

你有问候他人的习惯吗?

你回家刚进门,发现父母在家,你会先问候吗? 一般采用哪些问候语言? 如果到公司上班,途中遇到你的部门经理或同事,你会主动问候吗? 一般采用什么样的问候形式?

大教育家孔子说过:"不学礼,无以立。"左丘明曾言:"夫礼,天之经也,地之义也,民

之行也。"这些都足以说明礼仪的重要性。

在我们的生活中,有很多东西常常因为习以为常而被忽略,如"问候"。问候虽小,效果却大。不经意间的一句问候,折射出的是一片大世界,这片世界中充满了关爱。"一声问候,一丝微笑"是我们最简单、最基本的礼仪。

讨论:在日常生活中,有哪些问候的形式?

一、问候的含义

问候,也就是问好、打招呼,就是在和别人相见时,以语言向对方致意的一种方式,也是我们向他人表示尊重的一种方式。在有必要问候的时候,要注意问候的次序、态度、内容等三个方面。

(一)问候的次序

亲友之间互致问候有一个约定俗成的惯例,即在顺序上男性应先问候女性,晚辈先问候长辈,年轻人先问候老年人,下级先问候上级,年轻女性先问候比自己年龄大得多的男性。总之,主动问候,这是尊重他人的表示,即使对方比自己年轻,主动问候也不失自己的身份,只会多增加一份情谊。

如果同时遇到多人,特别在正式会面的时候,宾主之间的问候是要讲究一定的次序的。

①一个人问候另一个人:通常是"位低者先问候",即身份较低者或年轻者首先问候身份较高者或年长者。

②一个人问候多人:如果同时遇到多人,特别是在正式会面的时候,既可以笼统地加以问候,如"大家好";也可以逐个加以问候。当一个人逐一问候多人时,既可以由"尊"而"卑"、由"长"而"幼"地依次进行,也可以由"近"而"远"地依次进行。

(二)问候的态度

问候是敬意的一种表现,态度上需要特别注意,主要要做到以下几点:

①要主动。问候别人,要积极、主动。当别人首先问候自己之后,要立即予以回应,不要不理不睬摆出一副高不可攀的样子。

②要热情。问候别人的时候,要表现得热情、友好。毫无表情或者表情冷漠的问候不如不问候。

③要自然。问候别人的时候,主动、热情的态度必须表现得自然而大方,并且一定要专注。矫揉造作、神态夸张,或者扭扭捏捏,反而会给人留下虚情假意的坏印象。问候的时候,要面含笑意,以双目注视对方的两眼,以示口到、眼到、意到,专心致志。不要在问候对方的时候,目光游离、东张西望,这样会让对方不知所措。

(三)问候的内容

问候在内容上有直接和间接两种形式。

①直接式:直接以问好作为问候的主要内容,如:"您好""大家好""早上好"等。它适用于正式的交往场合,特别是在初次接触的陌生商务及社交场合。

②间接式:用某些约定俗成的话语来进行问候,或者用在当时条件下可以引起话

题的问候,如"最近过得怎样""忙什么呢""您去哪里"等来替代直接式问好。它主要适用于非正式、熟人之间的问候。

二、问候的形式

问候的形式有日常的一般问候和特殊的问候两种。

(一)日常的一般问候

日常的一般问候是指亲朋好友之间互致的问候,大体有下列几种。

①按时间问候,如"早安""早上好""晚安"等。

②按场合问候。家人在离家时,离家者应向在家的人道别:"我走了。"在家的人也应回答:"你走好,早点回来!"在归家时,归家者应与在家的人打招呼:"我回来了。"

同样,在社交和商务场合,熟人相遇,朋友相见,互致问候更是第一道礼仪程序,即使是一面之交,相遇也应打招呼。毫无表示或漫不经心,会被认为是傲慢无礼的表现。

(二)特殊的问候

特殊的问候是指在以下3种情况下的问候。

①节日问候:在节日到来时,向在远方的或不常见面的亲友及关系较密切的商业客户的问候。这是联络感情的最简便而又极为有效的方式。

②喜庆时的问候或道贺:对方店铺开业、事业有成、乔迁新居等喜事,应向其表示祝贺并致问候。

③对方有不幸的事发生时的问候或安慰:对事业受挫、家庭变故、失恋、遭灾等不幸,表示同情、安慰,并给予必要的帮助。

三、常用问候用语

问候,看起来很简单,但是一个人是粗俗、鄙陋,还是优美、高雅,往往在一见面的短暂时间里就可见分晓。因此,职场人员在社交问候中应多用、善用礼貌语言,它是尊人与尊己的手段,是展示个人风度与能力的必不可少的途径之一。问候的用语比较复杂,归纳起来主要有以下几种。

①表示礼貌的问候语:如"您好""早上好""节日好"等。交谈者可根据不同的场合、环境、对象进行不同的问候。例如,从年龄上考虑,对少年儿童要问:"几岁了?"或者问:"上几年级了?"对成年人要问:"工作忙吗?"从职业方面考虑,对老师可以问:"今天有课吗?"对作家可以问:"又有大作问世了吧?"对朋友、邻居、同事的问候就更为丰富了,如果用得好能密切关系,增进友谊。问候也要与时俱进,否则不但起不到应有的效果,反而会引起交往对象的不快。例如,中国人见面爱以一些有关胖瘦、服饰的话作为问候语,如"小王,几天不见,又胖了!"对方听了心里会不太舒服。"小张,你今天穿的衣服真时髦啊!"对方听了不知是恭维还是讥讽,心里很别扭。再如"吃了没""往哪儿去"等,看似很具体,却失去了美感和问候的效果。随着社会的发展,人们越来越喜欢用"您好"来表达见面时的喜悦和礼貌。

②表示思念之情的问候语:例如,"好久不见,你近来怎样?""多日不见,可把我想坏了!"

③表示对对方关心的问候语:例如,"最近身体好吗?""来这里多长时间啦?还住得惯吗?""最近工作进展如何,还顺利吗?"

④表示友好态度的问候语:例如,"生意好吗?""在忙什么呢?"这些貌似提问的话语,并不表明真想知道对方的现状,往往只表达说话人的友好态度,听话人则把它当成交谈的起始语予以回答,或把它当作招呼语不必详细作答,只不过是一种交际的媒介。

四、问候的方式

常见的问候方式有以下几种:①口头问候;②书信问候;③贺卡或明信片问候;④电话问候;⑤送物致意;⑥发短信问候;⑦发电子邮件问候等。在致各种问候的同时,如有条件再适当送些礼物表示问候则是更好的方式。

【思考与练习】

1.当以下两人相遇时,根据两人的身份,判断谁先问候谁?

①职员和他的经理;

②学生和他的老师;

③年长的下属和年轻的男经理。

2.下面的案例中,小张的行为有何不妥?他做到了职场中的正确问候吗?如果你是小张,你会怎么做?

小张应聘到某公司,上班第一天,在公司楼下,看到在该公司当经理的同学小李和另外几位经理一起走进公司。小张异常兴奋,扑上去大声打着招呼"狗蛋儿!狗蛋儿!哟!还混成经理了哟!以后要多照顾照顾哟!"周围同事对小张投来异样的目光,同学小李尴尬地呵呵了几下,便借故离开了。

任务三 电话礼仪

【案例探讨】

电话铃响

例一:

甲:你是谁呀?找陈经理?他不在,你待会儿再打过来吧。

乙:喂,喂,怎么把电话挂了?我还没讲完呢!

例二：

甲：您好，您要找陈经理？对不起，他刚好离开办公室，我可以帮您转告吗？

乙：太感谢您了，您想得真周到！

讨论： 哪种接听更让人舒服呢？

一、电话礼仪的重要性

电话礼仪不仅仅反映了每位接听者的情绪、文化修养和礼貌礼节，同时也反映了整个企业的职员质素。如果我们每打一个电话，对方都能显示出非常友好、乐于助我的态度，同时都能帮忙解决每个问题，那对于打电话的人来说会从心底真正认同这个企业的文化。

因此电话礼仪尤其重要，它会影响到客户对企业的整体印象。

二、打电话和接听电话的礼仪（图5.1）

图 5.1

①电话铃响两声就要接，不要拖时间。拿起电话第一句话先说"您好"。如果电话铃响过四声后，拿起电话应向对方说："对不起，让您久等了。"这是礼貌的表示，可以消除对方久等心情的不快。如果电话内容比较重要，应做好电话记录，包括单位名称、来电话人姓名、谈话内容、通话时间和对方电话号码等。

②电话的开头语会直接影响顾客对你的态度、看法。通电话时要注意尽量使用礼貌用词，如"您好""请""谢谢""麻烦您"，等等。打电话时，说话态度要和蔼，语言要清晰，既不装腔作势，也不娇声娇气。

③打电话时，要考虑对方的时间，应礼貌地询问："现在说话方便吗？"一般往家中打电话，以晚餐以后或休息日下午为好；往办公室打电话，以上午十点左右或下午上班以后为好，因为这些时间比较空闲，适宜谈事情。

④打电话、接电话时，如果对方没有离开，不要和他人谈笑，也不要用手捂住听筒与他人谈话。如果不得已，要向对方道歉，请其稍候，或者过一会儿再与对方通电话。

⑤对方要找的人不在时，不要随便传话以免不必要的麻烦。如必要，可记下其电话、姓名，以便回电话。

⑥要学会配合别人谈话。我们接电话时,为了表示在认真听对方说话,应不断地说:"是,是""好,好吧"等,这些语言也一定要用得恰到好处,要根据对方的身份、年龄、场合等具体情况而定,否则会适得其反。

⑦挂电话前的礼貌也不应忽视。挂电话前,向对方说声"请您多多指教""抱歉,在百忙中打扰您",等等,这样会给对方留下好的印象。

⑧办公场合尽量不要打私人电话,若在办公室里接到私人电话时,尽量缩短通话时间,以免影响其他人工作和损害自身的职业形象。

三、电话礼仪规范

1. 接听电话前
①准备笔和纸;
②停止一切不必要的动作;
③带着微笑迅速接听电话。

2. 接起电话
①三声之内接起电话;
②主动问候,报部门和介绍自己,避免唐突地问"你是谁";
③注意控制自己说话的音量;
④对方需要我们的帮助,我们要尽力而为提供帮助,永远不要说"喂";
⑤如需搁置电话或让宾客等待时,应给予说明并表示歉意;
⑥对对方电话表示关注;
⑦转接电话要迅速;
⑧让对方先挂电话,自己再挂电话;
⑨感谢对方来电,并礼貌结束电话。

3. 打电话
①列出要点;
②确认电话号码无误;
③打错了电话,要向对方致歉;
④一接通电话,应立即自我介绍;
⑤打电话时要有效率,不要浪费时间和电话费。

4. 电话留言
①致给谁:也就是给谁留的言;
②来自谁:谁要求留的言;
③内容:对方需要转告什么样的信息;
④记录者签名:这样以便能对留言不清楚的部分进行解释;
⑤日期和具体时间:不仅要写清楚日期,同时也应写明留言的具体时间。

四、公共场所使用手机的注意事项

①不宜旁若无人地大声说话。信号不良时,可改换通话位置或改用其他通信方式,

不能大声呼叫。

②在会场、影院、剧场、音乐厅、图书馆、展览馆等需要保持安静的场所,应主动关机或置于振动、静音状态。如接到来电,应到不妨碍他人的地方接听。

③不在驾驶汽车时或飞机飞行过程中使用手机,不在加油站使用手机。

五、收发手机短信的礼仪要求

①在需要保持安静的公共场所,或在与人交流时,将短信接受提示音调制静音或振动状态。

②不在与人谈话时查看或编发短信。

③编发短信用字用语规范准确、表意清晰。短信内容后最好留姓名,以使接收方知晓发送人的姓名。

④不编发有违法规或不健康的短信,不随意转发不确定的消息。收到不良短信可建议或告诫发送者停止发送。

【同步案例1】

秘书:下午好,这里是总裁办公室,很高兴为您服务,请讲。

客户:您好,麻烦您转接一下王家荣王总。

秘书:先生您好,很高兴为您服务,我姓李,请问该怎么称呼您?

客户:我姓张。

秘书:张先生您好,请您稍等,我马上为您转接王总。

客户:好的,谢谢。

秘书:张先生,非常抱歉,王总的电话现在没有应答。张先生,需要我帮您向王总留言吗?

客户:好的,麻烦你告诉他就说张力来过电话了。

秘书:好的,张先生,需要我记录一下您的电话号码吗?

客户:他知道的,你说张力就可以了。

秘书:好的,张先生,我已经记录下来了,我会尽快转告王总,张力先生您给他来过电话了。张先生,您还有其他的吩咐吗?

客户:没有了,谢谢你。

秘书:不客气,张先生,祝您下午愉快!张先生,再见。

客户:谢谢。再见。

【同步案例2】

有一天,办公室的龙经理收到一张留言条,上面是这样写的:龙经理,刚才一位姓陈的先生来电,让你晚上20:30在和平桥那里等他。

留言人:小周

讨论：如上留言有哪些不妥当的地方？

分析：

◆来自哪里不清楚。

陈先生是谁？每个人都有很多同姓的朋友，那么究竟是哪一个？无从知道。因此最好能向对方问清姓名、工作单位，或至少也要知道对方的联系方式，如电话号码。

◆留言没有具体时间。

有时具体时间也包括一些十分重要的信息。有很多事情的要求是有时效性的，过了时间再来处理就没有意义了，如对宾客的投诉处理。因此不仅要标明时期，而且还要标明具体时间。上面的留言条没有注明确切的日期，只写是晚上，哪天的晚上？

◆留言不清楚。

谁留的言，若同一个办公室只有一位姓周的，那倒可以，但如果同一个办公室内有两位姓周的同事，那就不能如此写了。

【思考与练习】

对于服务人员来说，更多的是接电话。因此，接电话的时候必须做到心中有数、操作有度。

以下是接电话礼仪的测试题，可以对照自己平时接电话的实际表现，作一下评估：

1. 电话一响立即或者响过四五声再从容地接起来。　　　　　　　　　　　（　　）
2. 如果不是本部门的电话，就没必要理会，免得耽误正常的工作。　　　　（　　）
3. 如果是其他同事的业务电话，要立即大声喊他来接。　　　　　　　　　（　　）
4. 手头工作实在太忙的时候，可以不接电话或是直接把电话线拔掉。　　　（　　）
5. 如果两部电话同时响起来的时候，只能接一部，另一部不用管它了。　　（　　）
6. 快下班的时候，为了能更好地解答客户咨询，让客户改天再打电话来。　（　　）
7. 接客户电话的时候，要注意严格控制时间长度，牢记"三分钟"原则。　（　　）
8. 如果电话意外中断了，即使知道对方是谁也不应该主动打过去，而是等对方打过来。

　　　　　　　　　　　　　　　　　　　　　　　　　　　　　　　　　（　　）

9. 接到打错的电话，不用理会，马上啪地挂掉，不能耽误工作时间。　　　（　　）

10. 在和客户谈事情的时候，如果手机响了，应该避开客户到其他地方接听。（　　）

说明：以上10道题的答案，全是"×"。如果你有2道以上的题答错了，说明你到了要注意自己接电话礼仪的时候了。如果错了4道以上，你的电话礼仪已经到了影响企业形象和公司业务的地步了，所以改变已经刻不容缓了，否则很快你的企业就只有换接电话的人了。可见，接电话的时候一些不注意的小细节，在客户看来却是"不耐烦""敷衍"的代名词。

任务四　交谈礼仪

【案例探讨】

周总理妙语斥对手

一次,周恩来接见的美国记者不怀好意地问:"总理阁下,你们中国人为什么把人走的路叫作马路?"他听后没有急于用刺人的话反驳,而是妙趣横生地说:"我们走的是马克思主义之路,简称马路。"这个美国记者仍不死心,继续出难题:"总理阁下,在我们美国,人们都是仰着头走路而你们中国人为什么低头走路,这又怎么解释呢?"周总理笑着说:"这不奇怪,问题很简单嘛,你们美国人走的是下坡路,当然要仰着头走路了,而我们中国人走的是上坡路,当然是低着头走了。"记者又问:"中国现在有四亿人,需要修多少厕所?"这纯属无稽之谈,可是,在这样的外交场合,又不便回绝,周总理轻轻一笑回答道:"两个! 一个男厕所,一个女厕所。"

讨论:周总理用他机智幽默的话语既维护了中国的形象,又恰到好处地回击了居心叵测的美国记者,试问如果是你,你会怎样交谈下去呢?

一、交谈的含义

人际交往始自交谈。所谓交谈,是指两个或两个以上的人所进行的对话。它是人们彼此之间交流思想情感、传递信息、进行交际、开展工作、建立友谊、增进了解的最为重要的一种形式。没有交谈,人与人之间几乎不可能进行真正意义上的沟通。

总体上来讲,交谈是人的知识、阅历、才智、教养和应变能力的综合体现。在中国古代,人们就讲究在人际交往中要对交往对象"听其言,观其行"。这是因为言为心声,只有通过交谈,交往对象彼此之间才能够了解对方,并且被对方所了解。交谈在人际交往中的重要位置,是其他任何交际形式都难以替代的。

二、交谈的基本原则

交谈的基本原则是尊敬对方和自我谦让,如图5.2所示。具体要注意以下几个方面:

①态度诚恳、亲切。说话时的态度是决定谈话成功与否的重要因素,因为谈话双方在谈话时始终都相互观察对方的表情、神态,反应极为敏感,所以谈话中一定要给对方一种认真、和蔼和诚恳的感觉。

②措辞谦逊、文雅。措辞的谦逊、文雅体现在两方面:一是对他人应多用敬语、敬辞;二是对自己则应多用谦语、谦辞。谦语和敬语是一个问题的两个方面,前者对内,后者对外,内谦外敬,礼仪自行。

图5.2

③语音、语调平稳柔和。一般而言,语音、语调以柔言谈吐为宜。我们知道语言美是心灵美的语言表现。有善心才有善言。因此要掌握柔言谈吐,首先应加强个人的思想修养和性格锻炼,同时还要注意在遣词用句、语气语调上的一些特殊要求。比如,应注意使用谦辞和敬语,忌用粗鲁、污秽的词语;在句式上,应少用"否定句",多用"肯定句";在用词上,要注意感情色彩,多用褒义词、中性词,少用贬义词;在语气语调上,要亲切、柔和、诚恳、友善,不要以教训人的口吻谈话或摆出盛气凌人的架势。在交谈中,要眼神交汇,带着真诚的微笑,微笑将增加感染力。

④谈话要掌握分寸。在人际交往中,哪些话该说,哪些话不该说,哪些话应怎样去说才更符合人际交往的目的,这是交谈礼仪应注意的问题。一般来说,善意的、诚恳的、赞许的、礼貌的、谦让的话应该说,而且应该多说;恶意的、虚伪的、贬斥的、无礼的、强迫的话语不应该说,因为这样的话语只会造成冲突,破坏关系,伤及感情。有些话虽然出自好意,但措辞用语不当,方式方法不妥,好话也可能引出坏的效果。所以在语言交际中必须对所说的话进行有效的控制,掌握说话的分寸,才能获得好的效果。

⑤交谈时要注意忌讳。在一般交谈时要坚持"六不问"原则。年龄、婚姻、住址、收入、经历、信仰,属于个人隐私的问题,在与人交谈中,不要好奇询问,也不要问及对方的残疾和需要保密的问题。在谈话内容上,一般不要涉及疾病、死亡、灾祸等不愉快的事情;不谈论荒诞离奇、耸人听闻、黄色淫秽的事情。与人交谈,还要注意亲疏有度,"交浅"不可"言深",这也是一种交际艺术。

三、交谈的一系列的具体礼仪规范

(一)交谈的语言

在语言方面,交谈的总体要求是:文明、礼貌、准确。语言是组织交谈的载体,交谈者对它应当高度重视、精心斟酌。

1. 语言要讲文明

作为有文化、有知识、有教养的现代人,在交谈中一定要使用文明、优雅的语言。下述语言,绝对不宜在交谈中采用。

（1）粗话

有人为了显示自己为人粗犷，出言必粗。把爹妈叫老头儿、老太太，把女孩子叫小妞儿，把名人叫大腕，把吃饭叫撮一顿。讲此种粗话，是很失身份的。

（2）脏话

讲脏话，即口带脏字，讲起话来骂骂咧咧，"出口成脏"。讲脏话的人，非但不文明，而且属于自我贬低，十分低级无聊。

（3）黑话

黑话，即流行于黑社会的行话。讲黑话的人，往往自以为见过世面，可以此唬人，实际上却显得匪气十足，令人反感厌恶，难以与他人进行真正意义上的沟通和交流。

（4）荤话

荤话，即说话者时刻把艳事、绯闻、色情、男女关系之事挂在口头，说话带色，动辄贩黄。爱说荤话者，只不过证明了自己品位不高，而且也对交谈对象缺乏应有的尊重。

（5）怪话

有些人说起话来怪里怪气，或讥讽嘲弄，或怨天尤人，或黑白颠倒，或耸人听闻，存心以自己谈吐之怪而令人刮目相看，一鸣惊人。这就是所谓说怪话。爱说怪话的人，往往难以令人产生好感。

（6）气话

气话，即说话时闹意气、泄私愤、图报复、发牢骚、指桑骂槐。在交谈中常说气话，不仅无助于沟通，而且还容易伤害人、得罪人。

2. 语言要有礼貌

在交谈中多使用礼貌用语，是博得他人好感与体谅的最为简单易行的做法。所谓礼貌用语，简称礼貌语，是指约定俗成的表示谦虚恭敬的专门用语。

例如，初次见面，要说久仰；许久不见，要说久违；客人到来，要说光临；等待客人，要说恭候；探望别人，要说拜访；起身作别，要说告辞；中途先走，要说失陪；请人勿送，要说留步；请人批评，要说指教；请人指点，要说赐教；请人帮助，要说劳驾；托人办事，要说拜托；麻烦别人，要说打扰；求人谅解，要说包涵；等等。

在交际场合中，尤其有必要对下述礼貌用语经常加以运用，并且多多益善。

（1）"您好"

您好，是一句表示问候的礼貌语。遇到相识者与不相识者，不论深入交谈，还是打个招呼，都应主动向对方先问一声"您好"。若对方先问候了自己，也要以此来回应。在有些地方，人们习惯以"你吃了饭没有""最近在忙什么""身体怎么样""一向可好"等来打招呼或问候他人，但它们都没有"您好"简洁通行。

（2）"请"

请，是一句请托礼貌语。在要求他人做某件事情时，居高临下、颐指气使是不合适的，低声下气、百般乞求也没有必要。在此情况下，多用上一个"请"字，往往就可以逢山开路、遇水架桥，赢得主动，并得到对方的照应。

（3）"谢谢"

谢谢，是一句致谢的礼貌语。每逢获得理解、得到帮助、承蒙关照、接受服务、受到礼遇之时，都应当立即向对方道一声"谢谢"。这样做，既是真诚地感激对方，又是对对方的一种积极肯定。

（4）"对不起"

对不起，是一句道歉的礼貌语。当打扰、妨碍、影响了别人，或是在人际交往中给他人造成不便，甚至给对方造成某种程度的损失、伤害时，务必要及时向对方说一声"对不起"。这将有助于大事化小、小事化了，并且有助于修复双方的关系。

（5）"再见"

再见，是一句道别礼貌语。在交谈结束、与人作别之际，道上一句"再见"，可以表达惜别之意与恭敬之心。

3. 语言要准确

在交谈中，语言必须准确，否则不利于彼此之间的沟通。这方面要注意的问题主要有：

①发音要标准。在交谈中要求发音标准，体现在：其一，发音标准。不能读错音、念错字，让人见笑或误会。其二，发音清晰。要令人听得一清二楚，而不是口齿不清，含含糊糊。其三，音量适中。音量过大令人震耳欲聋，音量过小则让人听来费劲，二者显然都不合适。

②语速适度。语速，即讲话的速度。在讲话时，对语速应加以控制，使之保持匀速，快慢适中。交谈中语速过快、过慢或忽快忽慢，都会影响效果。

③口气谦和。在交谈中，讲话的口气一定要平等、亲切、谦和。不要端架子、摆派头；不要以上压下、以大欺小；不要倚老卖老、盛气凌人，或者随便教训、指责别人。

④内容简明。在交谈时，应力求言简意赅，简单明了，节省时间，少讲废话。不要没话找话，短话长说，啰里啰唆，废话连篇，节外生枝，任意发挥，不着边际，让人听起来不明不白。"烦言无要，要言不烦"，这是交谈中非常重要的一点。

⑤少用方言。交谈对象若非家人、乡亲，在交谈中则最好别采用对方有可能听不懂的方言、土语。硬要那么做，就是对对方的不尊重。在多方交谈中，即便只有一个人听不懂，也不要采用方言、土语交谈，以免使其产生被排挤、冷落之感。

⑥慎用外语。在普通性质的交谈中，应当讲中文，讲普通话。若无外宾在场，则最好慎用外语。与国人交谈时使用外语，不仅不能证明自己水平高，反而有卖弄之嫌。

（二）交谈的主题

交谈的主题，又称交谈的话题，它是指交谈的中心内容。一般而言，交谈主题的多少可以不定，但通常在某一特定时刻宜少不宜多，最好只有一个。唯有话题少而集中，才有助于交谈的顺利进行。话题过多、过散，将会使交谈者无所适从。

1. 宜选的主题

在交谈之中，以下五类具体的话题都是适宜选择的。

（1）既定的主题

既定的主题即交谈双方业已约定，或者其中某一方先准备好的主题。例如，求人帮助、征求意见、传递信息、讨论问题、研讨工作一类的交谈等，往往都属于主题既定的交谈。选择这类主题最好双方商定，至少也要得到对方的认可。它适用于正式交谈。

（2）高雅的主题

高雅的主题即内容文明、优雅，格调高尚、脱俗的话题。例如，文学、艺术、哲学、历史、考古、地理、建筑等，都属于高雅的主题。它适用于各类交谈，但要求面对知音，忌讳不懂装懂，或班门弄斧。

（3）轻松的主题

轻松的主题即谈论起来令人轻松愉快、身心放松、饶有情趣、不觉劳累或厌烦的话题。例如，文艺演出、流行时装、美容美发、体育比赛、电影电视、休闲娱乐、旅游观光、名胜古迹、风土人情、名人轶事、烹饪小吃、天气状况，等等。它适用于非正式交谈，往往允许人们各抒己见，对其任意进行发挥。

（4）时尚的主题

时尚的主题即以此时、此刻、此地正在流行的事物作为谈论的中心。此类话题适合于各种交谈，但其变化较快，在把握上有一定难度。

（5）擅长的主题

擅长的主题指的是交谈双方，尤其是交谈对象有研究、有兴趣、有可谈之处的主题。须知：话题选择之道，在于应以交谈对象为中心。例如：与医生交谈，宜谈健身祛病；与学者交谈，宜谈治学之道；与作家交谈，宜谈文学创作；等等。它适用于各种交谈，但忌讳以己之长对人之短，否则会话不投机半句多。因为交谈是意在交流的谈话，故不可只有一家之言，使之难以形成交流。

2. 忌谈的主题

在各种交谈之中，有下列几类具体的主题理应忌谈。

（1）个人隐私

个人隐私，即个人不希望他人了解之事。在交谈中，若双方是初交，则有关对方年龄、收入、婚恋、家庭、健康、经历等这些涉及个人隐私的主题，切勿加以谈论。

（2）捉弄对方

在交谈中，切不可对交谈对象尖酸刻薄，油腔滑调，乱开玩笑，口出无忌，要么挖苦对方所短，要么调侃取笑对方，成心要让对方出丑，或是下不了台。俗话说：伤人之言，重于刀枪剑戟。以此类捉弄人的主题为中心展开交谈，定将损害双方的关系。

（3）非议旁人

有人极喜欢在交谈之中传播闲言碎语，制造是非，无中生有，造谣生事，非议其他不在场的人士。其实，人们都知道，"来说是非者，必是是非人"。非议旁人，并不说明自己待人诚恳，反倒证明自己是拨弄是非之人。

（4）倾向错误

在谈话中如果话题倾向错误的主题，例如，违背社会伦理道德、生活堕落、思想反动、

政治错误、违法乱纪之类的主题,也应避免。

（5）令人反感

有时,在交谈中因为不慎,会谈及一些令交谈对象感到伤感、不快的话题,以及令对方不感兴趣的话题,这就是所谓令人反感的主题。若此种情况不幸出现,则应立即转移话题,必要时要向对方道歉,千万不要没有眼色,将错就错,一意孤行。此类话题,常见的有凶杀、惨案、灾祸、疾病、死亡、挫折、失败,等等。

（三）交谈的方式

进行交谈,还有必要注意具体的操作方式,往往有一些技巧可以被运用。具体介绍如下:

1. 双向共感

交谈,究其实质乃是一种合作。因此在交谈中,切不可一味宣泄个人的情感,而不去考虑交谈对象的反应。根据礼仪规范,在交谈中应遵循"双向共感"法则。这一法则,具有以下两重含义:

①双向。它要求人们在交谈中,要注意双向交流,并且在可能的前提下,要尽量使交谈围绕交谈对象进行,无论如何都不要妄自尊大,忽略对方的存在。

②共感。它要求在交谈中谈论的中心内容,应使彼此各方共同感兴趣,并能够愉快地接受,积极地参与,不能只顾自己而不看对方的反应。遵守这条规则,是使交谈取得成功的关键。

2. 神态专注

在交谈中,各方都希望自己的见解为对方所接受,所以从某种意义上讲,说的一方并不难,往往难就难在听的一方。古人曾就此有感而发:"愚者善说,智者善听"。听的一方在交谈中若能够表现得神态专注,就是对说的一方的最大尊重。要做到这一点,应重视以下三点:

①表情认真。在倾听时,要目视对方,全神贯注,聚精会神,不要用心不专,出现"身在曹营心在汉"的情况。

②动作配合。当对方观点高人一筹,为自己所接受,或与自己不谋而合时,应以微笑、点头等动作表示支持、肯定,或暗示自己与之心有灵犀一点通的感觉。

③语言合作。在对方说的过程中,不妨以"嗯"声或"是"字,表示自己在认真倾听。在对方需要理解、支持时,应以"对""没错""真是这么一回事""我有同感"等加以呼应。必要时,还应在自己讲话时,适当引述对方刚刚所发表的见解,或者直接向对方请教高见。这些,都是用语言同对方进行合作的表现。

3. 措辞委婉

在交谈中,不应直接陈述令对方不快、反感之事,更不能因此伤害其自尊心。必要时,可在具体的表达上力求含蓄、婉转、动听,并留有余地,善解人意,这就是所谓措辞委婉。例如,在用餐时要去洗手间,不宜直接说"我去方便一下",而应说"我需要出去一下""出去有点事"或者"出去打个电话"。若来访者停留时间过长,从而影响了本人的其他安排,需要请其离开,不宜直接说"你该走了""你待得太久了",而应当说"我不再占用

你的宝贵时间了"等,均属委婉语的具体运用。

在交谈中,运用委婉语可采用以下几种具体方式:①旁敲侧击;②比喻暗示;③间接提示;④先肯定,再否定;⑤多用设问句,不随便使用祈使句;⑥表达上留有余地。

4. 礼让对方

在交谈之中,务必要争取以对方为中心,处处礼让对方、尊重对方,尤其是要做到以下几点。

①不始终独白。既然交谈讲究双向沟通,那么在交谈中就要目中有人,礼让他人,要多给对方发言的机会,让大家相互都有交流。不要一人独白,侃侃而谈,独霸天下,只管自己尽兴,而始终不给他人张嘴的机会。

②不导致冷场。不允许在交谈中走向另一个反面,即从头到尾保持沉默,不置一词,从而使交谈变相冷场,破坏现场的气氛。不论交谈的主题与自己是否有关,自己是否对其感兴趣,都应热情投入、积极合作。万一交谈中因他人之故冷场暂停,切勿闭嘴不理,而应努力救场,可转移旧话题,引出新话题,使交谈畅行无阻。

③不随意插嘴。出于对他人的尊重,在他人讲话时,尽量不要在中途予以打断,突如其来、不经允许地去插上一嘴。那种做法不仅干扰了对方的思绪,破坏了交谈的效果,而且会给人以自以为是、喧宾夺主之感。确需发表个人意见或进行补充时,应待对方把话讲完,或是在对方首肯后再讲。不过,插话次数不宜多、时间不宜长,与陌生人的交谈则绝对不允许打断或插话。

④不与人抬杠。抬杠,是指喜爱与人争辩、喜爱固执己见、喜爱强词夺理。在一般性的交谈中,应允许各抒己见、言论自由、不作结论,重在集思广益、活跃气氛、取长补短。若以"杠头"自诩,自以为一贯正确,无理辩三分,得理不让人,非要争个面红耳赤、你死我活,不仅大伤和气,而且有悖交谈主旨。

⑤不否定他人。在交谈之中,要善于聆听他人的意见,若对方所述无伤大雅,无关大是大非,一般不宜当面否定。礼仪上有一条重要的法则,称为"不得纠正"。它的含义是:对交往对象的所作所为,应当求大同、存小异,若其无关宏旨,不触犯法律,不违反道德,没有辱没国格、人格,不涉及生命安全,一般没有必要判断其是非曲直,更没有必要当面对其加以否定。在交谈中不去任意否定对方的见解,就是该法则的具体运用。

5. 适可而止

与其他形式的社交活动一样,交谈也必定受制于时间。虽然说亲朋好友之间的交谈往往是"酒逢知己千杯少",但是实际上它仍需见好就收,适可而止。这样不仅可使下次交谈还有话可说,而且还会使每次交谈都令人回味。

普通场合的小规模交谈,以半小时以内结束为宜,最长不要超过 1 h。交谈的时间一久,交谈所包含的信息与情趣难免会被稀释。

在交谈中,一个人的每次发言最好不要长于 3 min,最多也不要长于 5 min。令交谈适可而止,主要有四点好处:

①它可以为大家节省时间,省得耽误正事。

②它可以使每名参加者都有机会发言,以示平等。

③它可以使大家在发言中提炼精华,少讲废话。

④它还可以使大家对交谈意犹未尽,保持美好的印象。凡此种种,都充分说明交谈适可而止不仅必要,而且必须付诸行动。

【思考与练习】

1. 简述交谈的基本原则。

2. 与人交谈时,从语言上我们应该注意哪些礼仪规范?

3. 要想提高社交能力还要注意交谈的方式,学会运用一些交谈技巧。结合自己亲身经历举一个实例,谈谈你是怎样运用这些交谈技巧的?

模块六　中西餐服务礼仪

"民以食为天","食"乃人类生存的基本需求,也是旅游活动的基本要素之一。随着生产力的提高和社会的进步,人们在饮食方面的需求越来越高,在人际交往中的地位也越来越重要。无论是主人还是客人,离开了餐饮活动,都难以取得社交活动的成功。

通过本模块的学习,你将能够:

◆知识目标:掌握旅游接待中西餐服务时应具备和保持的基本礼仪规范;熟悉餐饮服务岗位的相关礼仪,了解中西餐服务礼仪的差异。

◆情感目标:培养学生在餐饮服务中爱岗敬业的精神,提升其服务语言、心理、职业道德等方面的素质。

◆技能目标:让学生掌握迎宾、点菜、上菜、斟酒和西餐摆台等服务技能。

任务一　中餐服务礼仪

【案例探讨】

吃了半顿饭

八月十五中秋节,是全家团圆的日子,在海外学习的江先生赶了回来。全家人都很高兴,江太太说:"趁着这个好日子,咱们全家人出去吃顿饭吧。"于是他们一家来到了某饭店。点完菜后,服务员端上了冷菜,但等了很久也不见热菜上来,于是江先生忍不住去催问。服务员告诉他,今天顾客太多,实在太忙,请他再等一下,马上上菜。江先生又等了近半个小时,仍不见上菜。本来想好好地庆祝一番,但菜却迟迟上不来。江先生非常生气:"走,咱们不在这吃了!"江先生带着全家人准备离开,快走出大厅的时候。服务员追出来说:"先生,您还没有买单呢!"江先生没好气地说:"我们根本就没吃上饭,买什么

单？""先生，实在对不起！今天的确太忙了，要不然您再等一会儿？""什么？还等！再等就该吃晚饭了！我们可不想等了！""那请您先把账结了吧！"服务员着急地说。江太太在一旁说："我们不是不想结账，可你们只给我们上了冷菜，让我们怎么吃呀？！"尽管如此，江先生还是和服务员一同回到餐厅，把账结了，临走的时候对服务员说："你们这样的店再也不想来了！"

讨论：假设你是客人，你会等多久？假设你是服务员，在客人较多的时候怎样做才能面面俱到呢？

分析：由于店面上菜速度慢，又没有及时采取补救措施，使高兴而来的江先生一家扫兴而归，把第一次光临变成了最后一次光临，造成了店面经济上和名誉上的损失。上菜速度是客人非常在意的，上菜速度的快慢直接关系到客人对店面的评价，关系到店面的利益。如果店面客人太多，就需要服务员密切与后厨配合，及时与客人沟通。

一、迎宾入座（图6.1）

图6.1

①一般用餐，在宾客到来之前，迎宾员在门口迎接；较高级的宴会，餐厅负责人应带领数名服务员在宾客到来之前站在餐厅门口迎接。

②当宾客走向餐厅约1.5 m处，应面带笑容，拉门迎宾，热情问候"您好，欢迎光临！"或"先生/女生，晚上好，请问一共几位？"或"您好，请问，您预订过吗？"。

③如果是男女宾客一起进来，要体现女士优先的原则。见到年老体弱的宾客，要主动上前搀扶，悉心照料。

④如遇雨天，要主动收放客人的雨具。假如宾客戴着帽子或穿有外套，应在他们抵达门口处，协助其拿衣帽，并予以妥善保管。

⑤对已预订的宾客，要迅速查阅预订单或预订记录，将客人引到其所订的餐桌。如果没有预订，应根据客人到达的人数、客人喜好、年龄及身份等选择座位。

⑥引领客人入座时，迎宾员走在客人右前方1 m左右，用手势指引方向，并不断招呼客人，引领到合适的座位上，交接给值台员后，值台员应主动拉椅让座，动作要轻，先女后

男、先宾后主、长幼有序。招呼宾客就座时动作要和宾客配合默契,待宾客屈腿入座的同时,轻轻推上座椅,推椅动作要适度,使宾客坐好、坐稳。及时增加或撤走椅子和餐具,为儿童准备儿童椅。

　　⑦客人入座后,送上毛巾和茶水。先送毛巾,后端茶。毛巾、茶都要用托盘端送,递送时要从主宾开始从右向左依次进行。送茶时切忌手指接触杯口,动作要轻缓。

二、点菜服务

　　①客人坐稳后,值台员打开菜单第一页递给宾客,菜单要从宾客的左边递上。对于夫妇,应先递给女士;如果是宴会,先递给主人。递送的菜单要干净、无污迹,递送时态度要谦恭。

　　②不要催促宾客点菜,要耐心等候,让宾客有充分的时间考虑后再决定。对每一道菜的特点要能给予准确的答复和描述。主动推荐本餐厅的特色菜、时令菜、创新菜,讲究说话的方式和语气,察言观色,充分考虑宾客的心理反应,不要勉强或硬性推荐,以免引起宾客反感。

　　③记录客人点菜时,值台员应站在客人的左侧,注意站立的位置,身体不能紧靠餐桌,手不能按在餐桌上,上身略微前倾,精神集中地聆听。当主人表示客人各自点菜时,服务员应先从坐在主人右侧的主宾开始记录,并站在客人的左侧按逆时针方向依次接受客人点菜并复述确认。

　　④如果客人点的菜菜单上没有列出,不可一口回绝,而应尽量满足其要求。可以礼貌地说:"请您稍等,请允许我马上和厨师长商量一下,尽量满足您的要求。"如果宾客所点菜肴已售光,值台员应致歉,求得宾客的谅解,并婉转地建议宾客点其他的菜。

三、餐间服务

　　①取出餐布放在客人的腿部或压放在骨碟下,若是中餐,对不习惯用筷子的外宾,应及时换上刀、叉等餐具。

　　②斟酒要严格按照规格和操作程序进行。应当着客人的面打开酒瓶盖或饮料瓶盖。斟酒时从客人右侧进行,注意不可站在同一位置为两位客人同时斟酒。斟酒时先斟烈性酒,然后斟果酒、啤酒、汽水、矿泉水。斟香槟酒或其他冰镇酒类时,要用餐巾包好酒瓶,以免水滴落在宾客身上。

　　③斟酒量要根据各类酒的风格和要求来决定。中餐烈性酒斟 8 分满;啤酒斟满,以泡沫不溢出为准;饮料斟 8 分满,以示对客人的尊重。斟酒的顺序是从主宾开始,再按顺时针方向绕桌进行。斟酒时,瓶口不要碰到杯口,也不要拿得太高,距离杯口 1～2 cm 为宜。当偶尔操作不慎将酒杯碰翻或碰碎时,应马上向客人致歉,立即调换,并迅速铺上干净餐巾,将溢出的酒水吸干。宴会中斟酒时,应由宾客选择用哪一种酒,值台员不得自作主张。

　　④掌握好上菜时机和程序,并根据宾客的要求和进餐的快慢灵活掌握。上菜要从宾客的右边上,最好在陪同或翻译之间进行,不要在主人和主宾之间进行,以免影响来宾用餐。摆菜要讲究造型艺术,酒席中的头菜,其看面要对正主位,其他菜的看面要朝向四

周;比较高档的菜或有特殊风味的菜,要先摆在主宾位置上,在上下一道菜后顺势撤摆在其他位置。每上一道菜要报菜名,并简单扼要地介绍其特色,注意说话时切不可唾沫四溅。

⑤分菜时,高级宴会按照先男主宾、后女主宾,再主人和一般来宾的顺序逐次分派。一般酒席宴会按照先女主宾后男主宾进行。分菜要注意将菜肴的优质部分分给主宾或其他宾客,要掌握好分量,尽量均匀。添菜时应征求客人的意见,如客人谢绝,则不必勉强。主人或客人祝酒或发表讲话时,应停止上菜,但要及时斟酒,以便干杯。

⑥撤换餐具时,要注意客人是否吃完(西餐可看刀叉是否已合拢并排),如不确定,应轻声询问,切不可在客人正在吃时撤换餐具,那是很不礼貌的。撤换餐具要轻拿轻放,动作要干净利落。

⑦如有酒水溅洒在宾客身上,要及时递送毛巾或餐巾协助擦拭,但如果对方是女宾,男服务员不宜直接擦拭,可请女服务员帮忙。宾客的物品,尤其是女宾的物品,如果不慎落在地上,服务员应立即帮忙拾起,双手奉上,不可视而不见。对有醉意的客人要特别关照。

⑧服务员应关注到餐厅的每一位客人,应通过宾客在需要帮助时表现出来的种种迹象(手势、表情、姿势等),上前询问:"先生,我可以帮忙吗?"。例如客人在进餐时起身或张望,表明客人有事求助或询问,服务员应主动迎上去给予帮助;如客人将壶盖抬离壶口或将茶壶拿起时,服务员应主动加茶水;客人将烟叼在嘴上,两手在摸口袋时,服务员应主动上前帮忙点火;发现客人有筷子掉在地上,应及时上前为其换上干净的筷子。当客人要求帮助而服务员正在给其他桌上的宾客服务时,应对客人打手势或点头微笑,表示自己已经知道,马上就能去服务,使宾客放心。

⑨值台时,坚守岗位,站姿规范,不倚墙靠台,不搔头摸耳,不串岗闲聊。整个餐厅的清扫工作,应在所有客人离去后进行。

四、结账送客

①宾客示意结账时方可呈递账单,用小圆形托盘呈递账单夹,从左边递给客人。当客人付款后,要表示感谢。

②宾客起身离座时,应主动上前拉椅方便客人离开,并提醒其不要遗忘随身物品。帮助客人取来帽子和大衣,可借此机会了解宾客对饭菜是否满意、服务是否周到等。假如客人有不满意之处,应向客人解释并表示歉意。

③致欢送词。如"请慢走,欢迎下次光临"。

【同步案例】

没吃到的"北京烤鸭"

某天晚上,北京一家五星级宾馆的中餐厅正在接待外宾旅游团和会议团。孙先生是某公司负责接待外宾会议团的翻译,他把外宾安排好后就和同事一起到旁边的工作餐厅用餐。这一天,外宾团队订的都是"北京烤鸭"的餐宴,翻译、导游员和司机等也享受和外

宾同等的用餐标准。孙先生入座后，服务员端上了茶水和凉菜，但等候良久仍不见其他的菜上桌。他忍不住去催问服务员，服务员告诉他，今天太忙，请他再等一下，马上就上菜。孙先生又等了半天，仍不见上菜，此时其他桌的菜已经上得差不多了。孙先生和同事又去催问了两次，但就是他们这桌不给上菜，孙先生赌气不再催问。外宾用完餐，孙先生直接带他们上了车。此时，服务员追到车门前请孙先生签单结账。

孙先生没好气地说："我根本就没吃上饭，结什么账？"

"先生，实在对不起。今天的确太忙了，把您那一桌给疏忽了。要不然给您包上菜和鸭子带走。但是请您先把账结了。"服务员着急地说。

"我们虽然也是服务人员，但到你们饭店都应该是客人，待遇也是平等的。你们给外宾和其他桌都上了菜，就是不给我们上菜，催了几次还不行，搞得我们现在都没吃上饭。要结账就找'老外'吧。"孙先生说着就要上车。其他人见状连忙劝解孙先生，车上的外宾也有人问及此事。最后，孙先生还是和服务员一同回到餐厅结了账。他拒绝了餐厅给他包装好的"晚餐"，只是对服务员说："请你们记住这次教训，以后不要忽视每位客人。"

讨论：请说说本案例中的服务人员在提供餐饮服务方面存在哪些不足。

_____

_____

_____

【思考与练习】

1. 针对不同特点的客人，迎宾员应如何引领客人到合适的位置？
2. 中餐服务的基本程序有哪些？
3. 服务员斟酒时不同的酒水分量应如何把握？
4. 点菜服务中如何为第一次到店的客人推销菜肴和酒水？

任务二　西餐服务礼仪

【案例探讨】

一位外宾住在某宾馆，晚上到餐厅用餐的时候，迎宾员很有礼貌地用英语向他问候说："晚上好，先生！请问您有没有预订"？客人微笑着用英语回答道："晚上好。我就住在你们饭店，不用预订，现在想用餐"，并拿出住宿卡让她看。迎宾员看后，急忙带客人走进餐厅。迎宾员把客人引到一张靠窗的餐桌前。奇怪的是客人不肯坐下，并摇着头说出一串迎宾员听不懂的英语。迎宾员看着客人不知道该怎么办。这时一位英语比较好的

服务员过来帮忙。经过询问才搞清楚，原来客人要在饭店的西餐厅用餐，错来了中餐厅，而迎宾员在没有搞清楚的情况下，就把客人引了进来。迎宾员听明白后，忙向客人道歉，并主动引领客人去了西餐厅。

讨论：在西餐服务时，我们应该具备哪些相关能力才能更好地为客人服务？

西餐服务具有悠久的历史，在国际上早已形成一定规范。我国的西餐服务应遵循国际惯例，在服务中做到标准化、规范化、程序化和个性化，以优质的服务赢得外国友人的称赞，如图 6.2、图 6.3 所示。

一、西餐餐具

广义的西餐餐具包括金属餐具、瓷器餐具、玻璃器皿和其他用具，每样餐具都有自己的特殊用途；狭义的餐具则专指刀、叉、匙"三大件"，如图 6.4 所示。

图 6.2　　　　　图 6.3　　　　　图 6.4

（一）金属餐具

常见的金属餐具有正餐刀、正餐叉、鱼刀、鱼叉、开胃品刀、开胃品叉、甜品刀、甜品叉、黄油刀、浓汤勺、清汤勺、服务叉、服务匙、海鲜叉、蜗牛叉、蜗牛夹、牡蛎叉、蛋糕夹。

（二）瓷器餐具

瓷器餐具包括以下这些种类。

①主菜盘：直径 24 cm 的圆形平盘，用于盛放主菜。

②装饰盘：直径 33 cm 的圆盘，做主菜盘的垫盘，也作装饰之用。

③甜品盘：直径 18 cm 的圆形平盘，用于盛放各种糕点、水果、奶酪。

④面包盘：直径 15 cm 的圆形平盘，用于搁放面包及黄油刀。

⑤黄油碟：直径 6 cm 的小圆碟，用于盛放黄油。

⑥汤盆：上端直径为 20 cm 的圆形盆，用于盛放浓汤及流质食物。

⑦汤盅：用于盛放冷汤或麦片粥，使用时下面垫一甜品盘。

⑧茶杯及垫碟。

⑨咖啡杯及垫碟。

还有奶盅、糖缸、洗手盅、烟灰缸、胡椒瓶、盐瓶等瓷器用具。

(三)玻璃器皿(图6.5)

波尔多杯　　勃艮第杯　　白酒杯　　气泡酒杯　甜酒杯

图6.5

西餐讲究菜肴和酒水的搭配,吃什么菜配什么酒,所以各种形状、不同用途的酒杯为最多。常见的玻璃器皿主要有:

①红葡萄酒杯;

②白葡萄酒杯;

③饮料杯;

④香槟杯;

⑤爱尔兰咖啡杯;

⑥古典杯:用于威士忌和伏特加等外国烈酒加冰饮用或净饮;

⑦白兰地杯;

⑧雪利酒杯:提供甜食酒;

⑨三角形鸡尾酒杯;

⑩热饮杯。

二、餐具的摆法

摆放原则:左叉右刀,刀口朝盘,叉齿向上。

具体的摆法如图6.6所示。

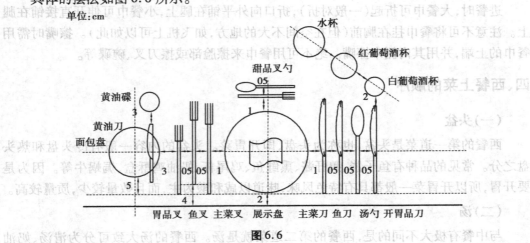

图6.6

按照西餐上菜顺序(依次是开胃品、汤、鱼类、主菜、甜品、水果)依次摆放餐具。先用展示盘定位,摆放在餐席的正中心,盘上放折叠好的餐巾花或餐纸。两侧的刀、叉、匙排成整齐的平行线。按左叉右刀的原则,所有的餐刀放在垫盘的右侧,刀刃朝向展示盘;汤匙匙心朝上;餐叉则放在垫盘的左边,叉齿朝上。面包盘放在客人的左手边,上置黄油刀,供抹奶油、果酱所用。黄油刀正上方 3 cm 处摆放黄油碟。在开胃品刀正前方摆放白葡萄酒杯,其他酒杯呈 45°依次摆放。甜品叉和甜品匙则横放在前方。一般情况下一个座位只摆放三副刀叉。

三、餐具的用法

(一)刀叉持法

用刀时,应将刀柄的尾端置于手掌之中,以拇指抵住刀柄的一侧,食指按在刀柄上,但需注意食指绝不能触及刀背,其余三指则顺势弯曲,握住刀柄。叉如果不是与刀并用,叉齿应该向上。持叉应尽可能持住叉柄的末端,叉柄倚在中指上,中间则以无名指和小指为支撑。叉可以单独用来叉餐或取食,也可以用于取食某些头道菜和馅饼,还可以用来取食那种无须切割的主菜。

(二)刀叉的使用

右手持刀,左手持叉,先用叉子把食物按住,然后用刀切成小块,再用叉送入嘴内。欧洲人使用时不换手,即从切割到送食物入口均以左手持叉。美国人切割后,则将刀放下换右手持叉送食入口。刀叉并用时,持叉姿势与持刀相似,但叉齿应该向下。通常刀叉并用是在取食主菜的时候,但若无须用刀切割时,则可直接用叉进食。

(三)匙的用法

持匙用右手,持法同持叉,但手指务必持在匙柄之端,除喝汤外,不用匙取食其他食物。

(四)餐巾的用法

进餐时,大餐巾可折起(一般对折),折口向外平铺在腿上,小餐巾可伸开直接铺在腿上。注意不可将餐巾挂在胸前(但在空间不大的地方,如飞机上可以如此)。擦嘴时需用餐巾的上端,并用其内侧来擦嘴。绝不可用餐巾来擦脸部或擦刀叉、碗碟等。

四、西餐上菜的顺序

(一)头盆

西餐的第一道菜是头盆,也称为头盘,即开胃菜。头盆的内容一般有冷头盘和热头盘之分。常见的品种有鱼子酱、鹅肝酱、熏鲑鱼、鸡尾杯、奶油鸡酥盒、焗蜗牛等。因为是要开胃,所以开胃菜一般都具有特色风味,味道以咸和酸为主,而且数量较少,质量较高。

(二)汤

与中餐有极大不同的是,西餐的第二道菜就是汤。西餐的汤大致可分为清汤、奶油

汤、蔬菜汤和冷汤四类。品种有牛尾清汤、各式奶油汤、海鲜汤、美式蛤蜊汤、意式蔬菜汤、俄式罗宋汤、法式洋葱汤等。

(三)副盆

鱼类菜肴一般作为西餐的第三道菜,也称为副盆。品种包括各种淡、海水鱼类,贝类及软体动物类。通常水产类菜肴与蛋类、面包类、酥盒菜肴品均称为副盆。因为鱼类等菜肴的肉质鲜嫩,比较容易消化,所以放在肉类菜肴的前面,讲究使用专用的调味汁。

(四)主菜

肉、禽类菜肴是西餐的第四道菜,也称为主菜。肉类菜肴的原料取自牛、羊、猪、小牛仔等各个部位的肉,其中最有代表性的是牛肉或牛排。其烹调方法常用烤、煎、铁扒等。禽类菜肴的原料取自鸡、鸭、鹅,可煮、可炸、可烤、可焖。

(五)沙拉

蔬菜类菜肴在西餐中称为沙拉。沙拉可以安排在肉类菜肴之后,也可以与肉类菜肴同时上桌,所以可以算为一道菜,也可称之为一种配菜。与主菜同时上桌的沙拉,称为生蔬菜沙拉,一般用生菜、西红柿、黄瓜、芦笋等制作。沙拉的主要调味汁有醋油汁、法国汁、干岛汁、奶酪沙拉汁等。

沙拉除了蔬菜之外,还有一类是用鱼、肉、蛋类制作的,这类沙拉一般不加调味汁,在进餐顺序上可以作为头盘食用。

还有一些蔬菜是熟食的,如花椰菜、煮菠菜、炸土豆条。熟食的蔬菜通常是与主菜的肉食类菜肴一同摆放在餐盘中上桌的,称之为配菜。

(六)甜品

西餐的甜品是于主菜后食用的,可以算作是第六道菜。从真正意义上讲,它包括所有主菜后的食物,如面包、黄油、布丁、冰激凌、奶酪、水果等。

(七)咖啡、茶

西餐的最后一道是上饮料,如咖啡、茶等。饮咖啡一般要加糖和淡奶油,茶一般要加香桃片和糖。

五、西餐常见的服务方式

(一)法式服务

法式服务又称里兹服务,传统的法式服务在西餐服务中是最豪华、最细致和最周密的服务。通常,法式服务用于高级西餐厅,即扒房。法国餐厅装饰豪华和高雅,以欧洲宫殿式为特色,餐具常采用高质量的瓷器和银器。通常用手推车或旁桌现场为顾客进行加热、调味及切割菜肴等服务。在法式服务中,服务台的准备工作很重要。法式服务讲究服务程序和礼节礼貌,注重服务表演和吸引客人的注意力,服务周到,每位顾客都能得到充分的照顾。但是,法式服务节奏缓慢,需要较多的人力,用餐费较高。餐厅空间利用率和餐位周转率都比较低。

(二)俄式服务

俄式服务是西餐中普遍采用的一种服务方法。俄式服务讲究优美、文雅的风度,将装有整齐和美观菜肴的大浅盘端给所有顾客过目,让顾客欣赏厨师的装饰和手艺,并且也刺激了顾客的食欲。俄式服务,每一个餐桌只需要一个服务员,服务的方式简单快速,服务时不需要较大的空间。因此,它的效率和餐厅空间的利用率都比较高。由于俄式服务使用了大量的银器,并且服务员将菜肴分给每一位顾客,使每一位顾客都能得到尊重和较周到的服务,因此增添了餐厅的气氛。

(三)美式服务

美式服务又称盘子服务,是一种比较简单和快捷的餐饮服务方式,一名服务员可以看数张餐台。美式服务简单、速度快,餐具和人工成本都比较低,餐厅空间利用率及餐位周转率都比较高。美式服务是西餐零点和西餐宴会理想的服务方式,广泛用于咖啡厅和西餐宴会厅。

(四)英式服务

英式服务又称家庭式服务。其服务方法是服务员从厨房将烹制好的菜肴传送到餐厅,由顾客中的主人亲自动手切肉装盘,并配上蔬菜,服务员把装盘的菜肴依次端送给每一位客人。调味品、沙司和配菜都摆放在餐桌上,由顾客自取或相互传递。英式服务家庭的气氛很浓,许多服务工作由客人自己动手,用餐的节奏较缓慢。在美国,家庭式餐厅很流行,这种家庭式的餐厅采用英式服务。

(五)综合式服务

综合式服务是一种融合了法式服务、俄式服务和美式服务的综合服务方式。许多西餐宴会的服务采用这种服务方式。通常用美式服务上开胃菜和沙拉;用俄式或法式服务上汤或主菜;用法式或俄式服务上甜点。不同的餐厅或不同的餐次选用的服务方式组合也不同,这与餐厅的种类和特色,顾客的消费水平,餐厅的销售方式有着密切的联系。

(六)自助式服务

自助式服务是把事先准备好的菜肴摆在餐台上,客人进入餐厅后支付一餐的费用,便可自己动手选择符合自己口味的菜点,然后自己拿到餐桌上用餐。这种用餐方式称为自助餐。餐厅服务员的工作主要是餐前布置,餐中撤掉用过的餐具和酒杯,补充餐台上的菜肴等。

【同步案例】

都是厨房惹的祸

某日中午,一家西餐厅同时来了十几位客人,服务员很迅速地安排客人入座与点单。每位客人都点了一份套餐,由于厨房炉灶只有一个,需逐一出品,出到最后几位客人时,这几位客人开始不耐烦地抱怨起来了。楼层服务员不但没有及时与客人解释,也在一旁抱怨厨房太慢了。谁知这些抱怨的话恰好被那些不耐烦的客人听到了,客人就与服务员

争吵起来。正好主管开完会回到楼面,为了安抚客人,主管一直赔礼道歉,同时让客人买单时免除10%的服务费,这才平息了争吵。

讨论:服务员在本案例中有哪些地方做得不好?在对客服务中怎样做才能体现"主动、热情、耐心、周到"?

分析:作为一名服务员,在服务时,要多与客人沟通,不许怠慢客人,也不能急躁。客人的菜品长时间不上,要主动到厨房为客人催菜,而不能也在一旁抱怨。主管的做法是正确的,在没有了解事情经过的情况下主动赔礼道歉并提出令客人满意的做法和相应的补偿措施。让客人平息怒气,让事情顺利解决,这样才能更有利于餐厅的发展。

六、西餐服务注意事项

①西餐服务讲究"女士优先",服务遵循"先宾后主,先女后男"。

②使用餐具最基本的原则是由外至内,每吃完一道菜撤走相应的餐具,按需要会补上另一套刀叉。

③吃肉类时(如牛扒)应从角落开始切,吃完一块再切下一块。遇到不吃的部分或配菜,只需将它移到碟边。

④遇到豆类或饭一类的配菜,可以左手握叉平放碟上,叉尖向上,再用刀子将豆类或饭轻拨到叉子上便可。若需要调味料但伸手又取不到,可要求对方递给你,千万不要站起来俯身去取。

⑤汤匙由内向外舀,直接用汤匙吸食汤品时请勿出声。如果汤品过烫,请放旁边待凉了再喝,切勿用嘴吹凉。

⑥面包不可直接用叉子插起,用嘴去啃,应用手将面包撕成一块一块细细咀嚼。

⑦吃完后,切忌用餐巾大力擦手或擦嘴,要注意仪态,用餐巾的一角轻轻擦去嘴上或手指上的油渍便可。

⑧坐姿上身保持正直,入座只坐椅面的1/2,不要靠在椅背上面。进食时身体可略向前靠,两臂应紧贴身体,以免撞到旁边的人。

⑨吃完每碟菜之后,若将刀叉呈"八"字形摆放,表明暂时离席,不要撤走餐具。如果将刀叉并排放在碟上,叉齿朝上,则表明不再用餐,可以撤走餐具。

【思考与练习】

1. 西餐的服务方式有哪些?
2. 举例说明刀叉摆放的不同含义。
3. 认识并能说出各种西餐餐具的名称。
4. 归纳西餐的上菜顺序。

任务三　自助餐服务礼仪

【案例探讨】

你们吃自助餐时，见过这样一类人吗？他们面前摆着许多盘子，每个盘子里装得满满的。水果堆成小山，吃不了就到处扔，走的时候还不忘顺手牵羊带瓶饮料……

讨论：大家愿意做这类人吗？那么自助餐就餐应注意哪些礼仪呢？

一、自助餐的概念

自助餐，是目前国际上所通行的一种非正式的西式宴会，在大型的商务活动中尤为多见。它的具体做法是：由就餐者在用餐时自行选择食物、饮料，然后或立或坐，自由地与他人在一起用餐或是独自一人用餐，如图 6.7 所示。

图 6.7

自助餐之所以称为自助餐，主要是因其可以在用餐时调动用餐者的主观能动性，而由其自己动手，自己帮助自己，自己在既定的范围之内安排选用菜肴。在国外又被称为冷餐会，则主要是因其提供的食物以冷食为主。当然，也可提供一些热菜，或者提供一些半成品而由用餐者自己进行再加工。

自助餐与其他餐类相比，具有以下特点：

①免排座次。正规的自助餐，往往不固定用餐者的座次，甚至不为其提供座椅。这样一来，既可免除座次排列之劳，而且还可以便于用餐者自由地进行交际。

②时间自由。就是你参加自助餐宴会时，没必要像参加正餐那样准点到场，或与大家一起退场。在自助餐宴会上，你可以随吃随走。完全没有必要像正餐那样，等到主人到的时候然后一起入场，一起就座，一起开始，一起结束等。

③节省费用。因为自助餐多以冷食为主，吃多少取多少，故可大大地节约主办者的开支，并避免了浪费。

④各取所需。参加自助餐时，用餐者碰上自己偏爱的菜肴，只管自行取用就是了，完全不必担心他人会为此而嘲笑自己。

⑤它可以招待多人。当需要为众多的人士提供饮食时，自助餐不失为一种首选。它不仅可用来款待数量较多的来宾，而且还可以较好地处理众口难调的问题。

二、自助餐礼仪

自助餐礼仪，泛指人们安排或享用自助餐时所需要遵守的基本礼仪规范。具体来讲，自助餐礼仪又分为安排自助餐的礼仪与享用自助餐的礼仪两个主要的部分。以下，对其分别予以介绍。

安排自助餐的礼仪，是指自助餐的主办者在筹办自助餐时的规范性做法。一般而言，它又包括备餐的时间、就餐的地点、食物的准备等方面。

(一)备餐的时间

在商务交往中，依照惯例，自助餐大都被安排在各种正式的商务活动之后，作为其附属的环节之一，而极少独立出来单独成为一项活动。也就是说，商界的自助餐多见于各种正式活动之后，是招待来宾的项目之一，而不宜以此作为一种正规的商务活动的形式。

(二)自助餐的场地选择

一般来说，自助餐的场地有以下三种最佳选择。

1.自家

如果条件允许的话，可以在自己家里或公司的礼堂、会场等一些比较开阔的场地举行。最佳的选择是露天的庭院。例如，花园、小型广场等，在注意环保和不破坏现场的前提下，于此举办自助餐，效果是比较好的。有时候还要考虑到其他因素的影响，如气候的问题，下雨、刮风、下雪都会影响就餐。遇到这样的情况，我们就要考虑在室内举行。

2.星级酒店

一般的星级酒店，三星级以上的，都会提供自助餐。所以当你请的客人不多，最省钱、最省事、最省气力的选择，就是到星级酒店去吃自助餐。它不仅省事，而且能保证及时供应丰富的、新鲜的食物。

3.专营性的自助餐店

随着社会的发展和消费者需求的不断变化，各种主题的自助餐应运而生，如：情人节自助餐、圣诞节自助餐、庆典自助餐、婚礼自助餐、美食节自助餐等；其供应方式也由传统的客人自取成品菜发展为客前现场烹制、现烹现食，甚至还可以由顾客自备食物原料，自烹自食的"自制式"自助餐。

(三)食物准备

自助餐的食物准备应当充分和丰富，菜品有冷热、荤素之分，要有汤、点心、水果等，还要准备酒水、饮料，如图6.8所示。

(四)自助餐的用餐礼仪

自助餐的用餐时间也没有正式的限定，因为自助餐多在正式的商务活动之后举行，

图6.8

故而其举行的具体时间要受到正式的商务活动的限制。不过,它很少被安排在晚间举行,而且每次用餐的时间不宜长于1 h。在整个用餐期间,用餐者可以随到随吃,但吃自助餐也一定要注意礼仪。一般要注意以下几点:

①排队选取:取餐要按照餐厅设定的方向顺向排队,不可逆向行进,更不可插队。如果前面有别人在取餐,不妨耐心地等一会儿。取餐时不要离餐台太近,以免弄脏衣服。

②量力而行:根据个人食量取菜,一次不可取太多,每次取适量的食物,以免食物洒出,吃完一盘后再去取用,避免在面前同时摆放多个盛满食物的餐盘。

③文明用餐:一是使用公用餐具取菜;二是自觉远离餐台就餐;三是不要乱扔废弃之物;四是用餐完毕送回餐具。

④禁止外带:所有自助餐都有一条不成文的规定,所有菜肴只能在现场自行享用,绝对不允许外带。

⑤关照他人:与他人一起参加自助餐,尤其是身为主人之时,理应对对方主动加以关照,倘若对方对提供的菜肴不熟悉,还可向对方加以简明扼要的介绍。如果是宴请或者聚会,应等同桌所有人都取完菜落座后,一起开始用餐。

⑥取菜时,不宜说话、咳嗽、打喷嚏,以免唾液溅入餐台菜品中。

⑦交际适度:在自助餐上,人们可以利用机会,及时而恰到好处地联络老朋友,结交新朋友,积极地进行交际。

【同步实训】

1. 实训目的

利用本章所学知识,分小组自编、自导、自演餐饮服务礼仪知识情景剧,不但可以巩固所学知识,而且也可提高学生学习兴趣和检验学习成果。

2. 实训要求

任选中餐、西餐和自助餐服务的某个场景,由学生扮演服务员、迎宾员、客人、推销员

等,展示不同岗位的服务礼仪。

3. 实训过程

分小组表演,然后由学生和老师点评,最后打分。

4. 实训总结

对同学们表演中出现的问题进行归纳和总结。

5. 填写项目评分表

组　别	迎宾 (10分)	中餐服务 (20分)	西餐服务 (20分)	自助餐服务 (20分)	语言表达 (20分)	服务姿态 (10分)	总分 (100分)
1							
2							
3							
4							

【思考与练习】

1. 西餐的上菜顺序是怎样的?

2. 西餐常见的服务方式有哪些?

3. 自助餐有什么特点?

参考文献

[1] 杜明汉,刘巧兰.商务礼仪:理论、实务、案例、实训[M].北京:高等教育出版社,2014.

[2] 贾晓龙.旅游服务礼仪[M].北京:清华大学出版社,2012.

[3] 金正昆.职场礼仪[M].北京:中国人民大学出版社,2008.

[4] 谢善琼,曲桂蓉.现代礼仪规范教程[M].成都:四川大学出版社,2015.

[5] 魏瑾,周鹏,王艳霞.礼仪规范教程[M].北京:中国广播电视出版社,2011.

[6] 孙晓艳.礼仪规范教程[M].武汉:华中师范大学出版社,2011.

[7] 陈刚平,周晓梅.旅游社交礼仪[M].北京:旅游教育出版社,2000.